双赢倾听

构建高效组织的简单方法

[英]珍妮·范·胡尔（Janie van Hool）◎著

孟楠◎译

The Listening Shift

中国科学技术出版社

·北 京·

The Listening Shift:Transform your organization by listening to your people and helping your people listen to you by Janie van Hool, ISBN:9781788602570

Copyright © Janie van Hool, 2021

This translation of The Listening Shift by Janie van Hool is published by arrangement with Alison Jones Business Services Ltd trading as Practical Inspiration Publishing.

This edition arranged through BIG APPLE AGENCY, LABUAN, MALAYSIA

Simplified Chinese edition copyright © 2024 by China Science and Technology Press Co., Ltd.

All rights reserved.

北京市版权局著作权合同登记 图字：01-2024-4101

图书在版编目（CIP）数据

双赢倾听 /（英）珍妮·范·胡尔

(Janie van Hool) 著；孟楠译 . -- 北京：中国科学技术出版社，2024. 10. -- ISBN 978-7-5236-1027-5

Ⅰ . C912.11-49

中国国家版本馆 CIP 数据核字第 2024GT1584 号

策划编辑	何英娇　张　頔	责任编辑	何英娇
封面设计	仙境设计	版式设计	蚂蚁设计
责任校对	焦　宁	责任印制	李晓霖

出　　版	中国科学技术出版社
发　　行	中国科学技术出版社有限公司
地　　址	北京市海淀区中关村南大街 16 号
邮　　编	100081
发行电话	010-62173865
传　　真	010-62173081
网　　址	http://www.cspbooks.com.cn

开　　本	880mm×1230mm　1/32
字　　数	134 千字
印　　张	7
版　　次	2024 年 10 月第 1 版
印　　次	2024 年 10 月第 1 次印刷
印　　刷	北京盛通印刷股份有限公司
书　　号	ISBN 978-7-5236-1027-5 / C·268
定　　价	69.00 元

（凡购买本社图书，如有缺页、倒页、脱页者，本社销售中心负责调换）

推荐序

　　我们坐在列车上朝窗外望去，近处的树木倏忽而过，远处的田野起伏后退，而最远处的山峰却岿然不动；同样，在生活中，新闻标题日新月异，时事政治变换更迭，而大自然却似乎从未改变……直至气候危机加剧了环境的恶化。而如今，我们朝着车窗外远眺，却望见远处的山峰似乎也在急速前行，仿佛在追赶着我们搭乘的这趟列车。

　　最初认识珍妮·范·胡尔（Janie van Hool）时，正是我任职全球适应委员会英国委员后不久。该委员会由潘基文（Ban ki-Moon）、克里斯塔丽娜·格奥尔基耶娃（Kristalina Georgieva）和比尔·盖茨（Bill Gates）共同倡议成立，旨在为应对气候危机——洪水、干旱、炎热、寒冷和野火等，提供更高的政治可见度。这次任职对我而言是一个契机，使我得以在国际舞台上展示英国环境部采取的环保举措，并呼吁人们更加关注气候变化。日益增多的证据都在表明，不论处于何种经济水平的国度，都会遭受气候变化不同程度的影响。而正在我亟待提高沟通能力时，珍妮向我伸出了援手。

　　我们在合作中一致认同，良好的沟通应从倾听入手，进行"倾听转变",这也是珍妮此书的核心。她提道:"我们大多缺乏倾听方面的教育,若想实现成功的交流,首先便要填补倾听的缺口;我们必须大胆质疑自己、敢于反思,督促自己提高倾听能力;我们要在沟通中,帮助他人实现良好的倾听和理解。这在信息流动滞缓、沟通闭塞的地方尤为重要,我们需要探索出一条能使人们融入交流的途径。"

我衷心希望,珍妮在此书中提供的建议能够对你有所助益,并且能够成为你反复探索和挖掘的宝藏。珍妮毫无保留地分享了她的真知灼见,从她的字里行间可以看出,她是一个心地善良、富有同理心的人。关于此书,我并不想"剧透"过多,只想用简·奥斯汀(Jane Austen)的话来概括珍妮的倾听转变:"艾玛觉得,她用倾听展现出了莫大的善意。"

艾玛·霍华德·博伊德(Emma Howard Boyd)

英国环境部部长

目 录
CONTENTS

第二部分

换挡—— 帮助他人更好地倾听我们

第四章　转变之义——关联性的意义

第五章　转变之难——显露"挣扎"

第六章　转变之得——帮助他人倾听的技巧

第七章　转变之成——沟通者要善待自己

第一部分

转变的重要性
—— 倾听的基础与层级

在第一部分中，我们将着眼于倾听，探讨倾听的意义、倾听前的准备、倾听对象及倾听过程，以此反思自身的倾听情况，促进倾听能力的发展。

为什么要转变

生活中充满了转变，它们是由小的决定或是在片刻之间引发的巨大变化。

转变是指由一个点到另一个点的绝对移动——这是一种能量的迸发，能够激励理解并引起改变，不论多么难以察觉，但它一定是确切发生的。

转变也是工作当中的一部分——是在一段明确的时间内专注从事的任务。这就暗示了实现转变可能并不容易，需要一定的努力。转变的过程可能是重复性的，需要人们形成习惯，并全心全意地投入其中。"转变"（shift）[1]这个词来自日耳曼语中的"schichten"，表示"层级"的含义。

本书就是以此概念为依托，探索想要成为一名出色的沟通者所需的"层级"，它需要把良好的倾听技能作为基底，不断实现"转变"直至最高层，以帮助他人更好地倾听我们的表达。

---

[1] 此处所说的"转变"一词起源，是根据原著中作者使用的英文单词"shift"解释的。——译者注

第一章
转变之名

本章将探讨倾听的基础和意义，同时开展对倾听情况的自我反思。

- 我为什么写这本书
- 良好倾听氛围对公司的意义
- 本书内容概览
- 倾听转变的重要性——工作和社会中的倾听
- 我们都应反思自己的倾听情况

我为什么写这本书

1977 年 10 月，那年我十一岁，当时正值假期中，我与爸爸妈妈和舅舅舅妈一起待在肯特郡。他们在打扑克牌，而我在读书。其实我并没有读进去，而是在听他们说话。他们在谈论往事，这些话我已经听过很多次了，不过他们仍然聊得满怀激情，时而欢笑、时而愤怒、时而感慨、时而争执。他们的牌也打得很激烈，时不时地把牌重重地拍在桌上，发出啪啪的响声和难以置信的喊叫声。我则是一会儿听他们说话，一会儿走神，有时看着身旁沙发上趴着的那只猫，这一切都显得格外有趣。

这是我在 20 世纪 70 年代童年时期的缩影。我是家里的独生女，这些时光铸就了我的倾听之路。我也因此善于融入成年人的谈话，并从中获益良多。通过倾听大人之间的交谈，反思他们在谈话中上演的"戏码"，我懂得在沟通中要去避免一些错误，也由此立下了一些志向，树立了一些价值观。大人间的交流有时候很有意思，有时候却十分乏味——通常只是家人间的闲谈。我还拥有了被他人倾听的机会，这是大多数孩子没有的。

我拥有很多属于自己的时间去阅读，直到现在我还是一个热爱读书的人。没有什么比读一本好书更能让我们理解他人、体会他们在生活中的真实感受了。而读书也是一种倾听——让我们在了解他人想法的同时，还可以思考和对比人们之间不同的世界观。

不论是读小说还是人物传记，都让我走进了他人的人生，得以进一步探索人们行为背后的动机。正因如此，我后来去了英国皇家戏剧艺术学院学习表演。那时，我深刻体会到了倾听对于表演的意义。人们常说，表演就是真实的反应——演员必须全身心地投入情境中，这样才能使角色鲜活起来。学习表演的过程中，我还掌握了一些发音技巧，可以用来传递信息、激励观众，这些技巧使我的声音具备像乐器一样渲染气氛的能力；我学到了如何利用呼吸去增强气场和克服怯场；我还学到了如何利用形体塑造角色和感染观众。然而，我当时并没有意识到，其实这些表演技巧本质上就是大量的倾听练习。一个好演员，一定是一个善于倾听的人，因而也能成为一个善于表达的人。

十二年后，我成了两个孩子的母亲，也决定不再登台表演。于是，我开始攻读语音研究硕士学位，并开始了教学工作。语音研究的本质就是研究倾听——一些微小的改变就能使声音变得完全不同，从平淡变得鲜明、从优柔寡断变得坚定自信、从"口音浓重"变得"吐字清晰"，等等。这是一项具体和明确的倾听练习，它可以帮助很多人改善沟通中存在的痼疾。

在完成学位论文期间，我偶然间获得了一个机会，为一支领导团队提升沟通能力。我热爱这份工作，它让我学到的知识有了用武之地，至今我已经在这个领域深耕二十多年了。我用了几千小时通过倾听了解领导者面对的情况，并提供多种方案让他们尝试，再去倾听他们的反馈。我通过倾听诊断和解决问题，为他们提供转变和支持。在这个过程中，我探索出一些切实可行的技巧，以帮助领导者通过描绘发展战略、愿景和讲故事等方法激励员工。我创建了影响力方案和谈话结构框架，提供面试准备方案，并开发了有效的会议沟通模式。我专注地倾听，同时见证了倾听的力量，见证了善于倾听的领导者能够为公司以及所有员工的发展带来多么深远的影响。倾听者和讲话者之间的互动太奇妙了！

五十岁那年，我才真正意义上系统地学习了倾听。当时，我经过培训后在撒玛利亚会做倾听志愿者，这是英国的一家慈善志愿机构，主要是为身处困境和情绪抑郁的人群提供倾听服务，以减少自杀悲剧的发生。在提供服务的过程中，志愿者并不需要提供建议和发表观点，只需要给予来电者足够的时间，认真聆听他们的倾诉。可以说，我这一辈子都在从事倾听工作，但撒玛利亚会的倾听方式，才让我真正意识到倾听的意义，被他人倾听原来具有如此巨大的转变力量，甚至可以挽救生命。在这里的经历深深地震撼了我，让我"睁开双眼"，了解在社会中人们所罹受的苦难。

由此，我也意识到，我们似乎从来没有学习过如何倾听。有一些人即便拥有适合倾听的条件，但也似乎并未在意，没有用心关注倾听能力的培养。

创作本书于我而言也是一次契机，使我系统地思考良好沟通能力对于个人、公司和社会的巨大价值，从而在书中为我的读者呈现丰富的观点、策略、实用建议和倾听经历等内容。

如果在阅读本书的过程中，你有任何想法和发现，或者个人经历和建议想要与我分享，请通过邮箱 Janie@listeningshift.com 与我联系。

为什么要转变
——良好的倾听氛围对公司的意义

　　领导者能为公司带来的最大价值，就是创造条件，让每位员工都能发掘自身潜能，达到最佳的状态。

　　公司需要的是能够带领团队在竞争中制胜的领导者；是拥有卓越能力和正直品性的领导者；是带领员工齐心协力、追求共同目标的领导者；是重视营造良好的倾听氛围，使每位员工都有参与感且受到尊重的领导者；是致力于帮助员工实现更大发展的领导者。

　　换句话说，公司的领导者应该颇具情商，不但要有勇于竞争的魄力，而且要有体恤下属的胸怀。

　　近年来，人们的工作地点和工作形式发生了巨大转变，线下办公和居家办公的融合带来了新的发展契机，但同时也制造了不少困难。科技的进步使许多岗位被取代，也使人们越来越依赖于虚拟平台进行交流。在这样的大背景下，拥有能与员工认真沟通，并且关心员工实际需求的领导者，就显得愈发难能可贵。

　　作为领导，必须培养自己良好的沟通能力，并持续学习使之不断得到提高。领导者必须善于提问和倾听，这不是锦上添花的本领，而是成功的必由之路。

正如马库斯·白金汉（Marcus Buckingham）在他的书《首先，打破一切常规》（*First Break All the Rules*）中提到的那样："人们背弃的是经理，不是公司。"如果不能让员工得到倾听与重视，不能让他们在公司中感受到被尊重、赞赏和理解，他们便会对公司的整体氛围产生负面影响，这不利于公司的发展和声誉。

我们这个时代最大的谎言便是把科技手段等同于沟通。它在人与人之间竖起了巨大的屏障，让人们只能渴望着亲密。

——利比·拉森（Libby Larsen）

你的员工需要被认真倾听

倾听的质量影响对方讲话的质量，反之亦然。

换言之，良好的倾听可以促使讲话者更好地表达；如果讲话成功，又能提升倾听的效果。不论是在线上倾听，还是线下在办公室里倾听，这都是成功沟通的前提。

良好的倾听可以弱化人们对改变的恐惧和抵触情绪；可

以尽量减少流言蜚语和彷徨不安；可以使领导力人性化，让人们相互理解，拥有共同的价值观，从而凝聚到一起；可以在公司营造彼此信任的氛围，构建团结协作的共同体，激发员工的敬业精神。

良好的倾听会使客户纷至沓来，而且会使他们对你保持长期信任。

良好的倾听不是一味地认同和附和；不是漫不经心、心不在焉，或是迫不及待地想要发表观点；也不是点头同意、随声应和，或是用肢体语言表示配合。

良好的倾听是一项技能、一门艺术，更是一种实践和承诺。它需要提前准备、具有自我意识和自制力；它需要好奇心、耐心、同理心和慷慨的气度，然后它才会发挥价值，带来丰厚的回报和收益。

在拥有良好倾听氛围的公司里，员工们既善于倾听他人，又能够感受到自己被认真倾听，这样的公司势必会更加成功。而这不正是我们所有人的共同愿望吗？

阅读本书的收获

本书由两部分构成。在第一部分中，我们将从广义上探讨倾听对工作、家庭和社会生活的重要意义，同时思考在教育或培训中忽视倾听的原因。

在第二章"转变之实"中，我们将探讨倾听项目实施方案，从而在公司营造良好的倾听氛围，同时展现领导者对此的坚定态度。我们将讨论可行的措施，探索如何改进会议上（尤其是远程会议）的沟通方式。这项改变将创建一种全新的谈话模式——倾听型谈话，以此在公司开展广泛和深入的倾听。

如果无法倾听自己，又何谈倾听他人呢？因此，在第三章"转变之务——管理你的影响"中，我们将探索一系列开展自我倾听的方法。这就像是飞机上听到戴好氧气罩的指示，需先自己戴好后，再去帮助他人一样，道理是相同的。同时，我们将探讨同理心的作用。倾听和理解是与他人共情的基础，我们将从这一角度出发，思考如何培养和增强同理心。此外，我们还将探索实现良好倾听的技巧。这与戏剧表演相似：表演前排练的过程也是一次探索，将面临很大的挑战，如同坐上了情感的过山车，在起伏中摸索创意。表演中也需要用到技巧，一出戏剧前几晚的演出，面对现场热情的观众，演员会倍感激动且充满热情，但是经过几个月的重复表演，演员的热情逐渐消散。此时，演员便要依靠技巧，使每一场演出的观众都能获得与第一场观众相同的体验，这是演员的职责所在。倾听亦是如此，我在此章阐述了十条倾听技巧，但此举并非要使倾听变得模式化，而是在有些时候，面对某些人或在某些情境下，遵循特定的结构可以使我们更为专注，使谈话更有成效。通过第一部分的探究，我们便成功跨越了倾听和表达的桥梁。因此在本章最后，我们便要讨论设定意图的意义。在交谈和演讲中，意图可以为谈话定下基调，不论对于讲话者还是倾听者而言，明确的意图都可以确保双方头脑清晰和专注。明确意图可以让讲话者发挥得更好，也可以让倾听者的体验更佳，从而达到双赢。

在第二部分中，我们将探索如何帮助他人更好地倾听我们的表达。毕竟，他人将时间和精力投入在我们身上，我们有义务让他们获得轻松、有意义的倾听体验。

我们将在第四章"转变之义——关联性的意义"中检查自己的沟通方式。我们之所以进行交流，是因为要传递信息，或以交谈，或以文字，抑或以演讲的方式呈现给倾听者。虽然沟通不易，但我们都希望他人能理解我们所说的，并印象深刻。可假如我们所说与他们无关，他们为什么要倾听呢？因此，在这一部分中，我们将关注三种为倾听者创造关联性的手段：给对方一个倾听的理由；使用与对方经历有关的隐喻；讲述倾听者的故事，以吸引和激励他们。

戏剧中的"挣扎"是最扣人心弦的地方，也是每个故事展开的核心。在第五章"转变之难——显露'挣扎'"中，我们将探索"挣扎"的力量，以及如何通过挣扎寻找关联性。分享故事和个人经历可以帮助我们与倾听者消除隔阂、建立联系，同时也保证了对方可以将寓意内化于心，外化于行。我们将在此章探究讲述个人经历的模式。

最后，即使拥有"屠龙者"一般的能力和决心，我们仍需要一些技巧来支撑实践。在第六章"转变之得——帮助他人倾听的技巧"中，我们将讨论表达清晰、言简意赅的重要性。我们会通过规划演讲或对话的结构，使我们在讲话时游刃有余、收放自如。同时，我们也要懂得如何有效运用自己的声音以及讲话背景与环境。这些因素对于吸引和影响倾听者、实现有效沟通大有裨益。

本书的最后提醒大家，与他人建立和维系关系应是大方和善良的行为，是坚持和专注的表现。在第七章"转变之成——沟通者要善待自己"中，我将提供一些实际的建议，以帮助我们在沟通中保持良好的状态。我也会自述一次亲身经历用来共勉，提醒我们要保持本心。

倾听者：帮助他人倾听自己

在探究倾听转变的过程中，我对许多不同行业的专家进行了采访，他们的工作都依赖于倾听他人，或依赖于被他人倾听。本书中总结了他们的观点和心得，以及在倾听方面的经验和建议，这些内容将分别呈现在每一章的专栏里。

补充资源

读书也是一种倾听。通过阅读，我们洞悉了作者的思想和动机，与作者共同体验情绪的悲喜。我们在阅读过程中无法向作者发问，只能通过文字去发现和感受。如果我们的观点与作者产生分歧，也只能继续阅读，或者干脆弃读。如果我们与作者心意相通，就会平添几分读下去的热情。在阅读中，我们将注意力完全投入其中，对书中的信息加以理解和反思。阅读使我们有机会领略他人的生活，从而体会他们的行为和心态，这是我们在现实生活中很难做到的，因此对同理心的培养很有帮助。

通过阅读，我们也能略微窥探到自己的倾听方式。你在什么条件下能够真正投入阅读中呢？一天中哪个时间段你的注意力最集中呢？你倾向于"狼吞虎咽"型还是"细嚼慢咽"型的阅读方式呢？你觉得哪种类型的内容更容易阅读——是平铺直叙的长篇叙述，还是多处留白的短小段落呢？你喜欢阅读哪种题材的文章？你不喜欢哪种题材的文章？通过反思最适合自己的阅读方式，我们可以思考这些对于倾听有什么启示。事实上，没有全天下都适用的方式，但是有意识地进行这样的思考便是一个良好的开端。

阅读虽然有趣、有益，但它不是展现倾听与表达最生动的方式。因此，我希望为读者提供更多倾听的机会——接受声音和音乐的刺激、感受诗歌的魅力、体验一系列的冥想。

温馨提示

我非常理解读者购买此类书籍的意图——希望从中有所收获，找到自己关切问题的答案，帮助自己转变思维方式，使自己在这一领域达到精通。我本人也购买了不少这类书籍，但我只是把它们摆在书架上或放进书包里，便寄希望于自己能从中汲取足够的"养分"。这样当然是行不通的。我的书中没有什么"灵丹妙药"，我更不会施展什么法术咒语。但好消息是，善于倾听的人并不神秘，倾听也不是只有一部分人才拥有的天分，它需要自我意识、自律和慷慨的胸怀。这些都是我们通过努力可以实现的，只要你做好准备、下定决心，本书中提供的建议就一定会帮助你成为一名很好的倾听者。

　　我自己的调研证实了其他研究者的结论：我们都以为自己善于倾听，而其他人不及我们，这种认知上的偏差便是倾听的核心问题。

　　如果我们能以反求诸己的思想为准则，就可以真实地评估自己的倾听能力，并采取行动来加以改进。

　　因此，在阅读本书的过程中，要敢于质疑自己，因为我们没有谁是绝对完美的倾听者。我们都知道，实现良好的倾听任重道远，但是一旦我们掌握了它，它便会成为一笔巨大的财富。我们要接受自己在倾听上是有所不足的，需要再接再厉或是精益求精。哪怕能以此改善生活中任何一种倾听关系，都是一件非常了不起的事情！

当务之急
——倾听转变的背景

"请听我说！"

这是一句我们再熟悉不过的话了，它可能用命令、指挥、请求或恳求等语气说出，要求在场的人全神贯注。被人倾听是人的需求，无论是出于现实需求还是情感需求，是紧急状况下还是建立关系时，或者是想要弄清楚情况时，我们都需要他人耐心倾听。

人类是社会性动物，社交占据了我们很大一部分时间。我们通过书写、阅读、讲话和倾听等多种方式，不断与他人接触，进而理解和推进我们之间的交流。

既然倾听如此重要，我们必须要学会倾听，并且善于倾听。

马尔格姆·格拉德威尔（Malcolm Gladwell）在他的书《异类》（Outliers）中说到，想要成为某一方面的专家，需要投入一万个小时的努力。按照这个理论，如果我们想要成为沟通方面的专家，按照一天八小时，一周五天来计算，大约需要五年。如果每天练习两小时，那一共就需要超过十九年的时间了。

在我们练习沟通时，经常会因为取得了一点点进步就自满，以为自己领悟了沟通的精髓，便不愿再投入更多的精力。切记，格拉德威尔所讲的可是专家级别，我们要精通沟通之道，而不仅是浅尝辄止。在他举的很多例子中，那些人的努力程度近乎到了痴迷的地步，所以我们必须要精益求精，长期深耕于此。

学无止境。要想成为沟通专家，我们都要付出更多的努力和时间。

在人的能力开发中，倾听被归类到"软技能"的范畴，并未得到应有的重视，因此我们对它的培养也总是草草了事。表演行业的专家都知道，想要掌握一项技能，需要不断练习和培训，需要向专业的团队寻求帮助与反馈。这不是随便开一小时的网络研讨会、参加半天的讲习班，或是学习个人发展课程中的某一模块就能办到的事情。

在多年从事领导力开发的实践中，我注意到一个问题，领导者在提升沟通能力时，很容易把重心转移到新技能的学习上——下一步怎么做、产生了什么变化、怎样成为好的领导、怎样推动公司的发展、怎样为公司留下良好的"精神财富"，等等。他们认可倾听的重要性，但大都只是嘴上说说而已，不愿真的付诸行动，这样当然不能成为沟通专家。想要实现良好的倾听，势必需要长时间的努力。

我们要着眼于沟通技能的培养，做到孜孜不倦、精益求精，使其成为检验和审视个人能力发展的毕生追求。

想要成为一名出色的沟通者，一定要先从培养倾听能力入手，然后再去思考如何更好地帮助他人倾听我们自己的表达。

那么，为什么倾听会这么困难呢？

有谁曾教过你倾听的本领吗？如果仔细回忆，不难发现，我们似乎很少得到倾听方面的指导。可能有极少数人，在成长的过程中，身边遇到了善于倾听的榜样，而且从小就得到良好的倾听，因此便有了一定的基础。也可能在接受教育的过程中，有些人学习过在倾听和讲话时必须要有所侧重。然而，我们大多数人都没有学习过倾听，只是经常被他人鼓励要多倾听，仅此而已。国际倾听协会是美国的一个非营利性组织，它旨在推动全球范围内倾听的实践、教育和研究，它发布的一项数据显示，只有 2% 的人接受过正式的倾听教育，而表达能力方面的培训却比比皆是。造成这样的结果与我们的社会现实是密不可分的。相关数据显示，语言表达能力是招聘方最为看重的能力之一，在招聘条件中的所占权重也颇为靠前。

心理因素也会影响我们的倾听效果。早在 1957 年，心理学家利昂·费斯廷格（Leon Festinger）❶ 就提出了认知失调

---

❶ 利昂·费斯廷格，著有《认知失调理论》（ *A Theory of Cognitive Dissonance* ）。
——作者注

理论，这项理论阐释了认知失调对人们决策、观念和行为的影响。在认知失调发作时，我们会自发地寻找自己行为得当的证据，不然便会极度不安，尤其是当认知失调作用于自我认知上时。比如，如果我们坚信自己是善良的、有同理心的倾听者，当有什么人或什么事质疑了这个结论时，我们便会千方百计地反驳或削弱这个"质疑者"。

我的一位客户曾向我讲述过她的一段职业经历，可以很好地诠释认知失调的影响。

我的客户"A"曾经是一家跨国公司的高管，她是该公司由七个人组成的高管团队中唯一的女性。她在团队中的职位不是最高的，因此会议常常由她的上级来主持。她多次感到自己为会议所付出的努力遭到了其他同事的忽视，因此感到非常沮丧，也打击了她的工作积极性。虽然她也知道，像她遇到这种情况在职场中并不少见。

某次，她录制了一次会议的现场音频，回放给她的上级听，于是便发生了典型的"认知失调"。她的上级听后直接提出了反驳：

"我们绝对想要听A的意见，但她也要多说才行啊！开会时她就像不情愿参与似的。

"这次会议讨论的内容并不是A所擅长的领域，因此也实在不需要她发表什么见解。不然，我们通常是会让她更多地参与进来的。"

在日常沟通中，类似的情况不胜枚举。我理解 A 的上级为什么极力解释，试图证明团队并没有什么不恰当的行为。这是因为在听这段录音时，他的内心极度不安，迫使他反思和质疑自己在主持会议时与女性同事间的互动方式，那么他那番避重就轻的言论也就不足为奇了。

一段时间之后，A 离开了这家公司，她称会议体验是自己在工作中感到不满和沮丧的主要原因。我相信，如果她的上级能换一种倾听方式，她可能不会选择离职，会继续为这家公司创造更多的财富。

良好倾听的障碍不仅包含心理因素，还可能是由于劳累、寒冷或是受到干扰所致；可能是由于背部的阵痛，或是为在家上课的孩子操心；可能是由于难过、担忧或压力过大等消极情绪，也可能是由某些积极的情绪所导致的。造成分心的因素是多种多样的，这些因素加剧了认真倾听的困难。有时我们可以轻而易举地化解它们，但有时也会颇费一番工夫。

文化对倾听的影响

无论是成长的际遇还是学校教育，很可能都没有教会我们该如何倾听，而诸多复杂的情感和心理因素又进一步阻碍了倾听能力的培养。现在我们不得不承认，在当下的社会中，缺乏良好的倾听能力已经成为普遍现象。

随着人类文明的发展，社交与沟通变得愈发频繁和重要。每天油管网（YouTube）上都会上传大约 720 000 小时的新鲜视频。通过算法得知，人均单次访问时长约为 40 分钟，我们每天至少会花费 2.5 小时在社交媒体上。

社交媒体已经成为人们交流的重要媒介，我们把日常生活发布到网络上，讲述着"精心设计"的生活方式，并且坚信很多人会关注我们。

2020 年，知名主持人卡罗琳·弗拉克（Caroline Flack）在家中自杀，随后大量信息涌现到社交媒体上，纷纷呼吁人们要有良知，要用同理心去倾听他人。人们也逐渐意识到，社交媒体上的恶语相加足以毁掉他人的人生。在此事件中，人们对倾听的关注似乎有所提升，但相较于表达观点，倾听仍然没有获得足够的重视。

2020 年下半年，美国和英国都爆发了多次示威游行，抗议黑人、原住民和有色人种遭受的不公待遇。在抗议声音的催动下，似乎即将展开一场卓有成效的变革，让遭遇不公的人袒露自己的心声，让施加伤害的人承认自己的错失。然而，事实却是，良好的倾听依然没有实现。政客们卖力地为自己辩解，导致抗议活动收效甚微，更多伤害仍在持续。

之所以会出现这种情况，有一部分原因要归结于政治制度。在英国，所有的党派都想要把自己打造成一副倾听者的形象。不论是 1998 年保守党大会上的威廉·黑格（William Hague）、2000 年某次演讲中的托尼·布莱尔（Tony Blair）、英国脱欧宣传活动中的奈杰尔·法拉奇（Nigel Farage），还是输掉脱欧公投后的戴维·卡梅伦（David Cameron），他们都强调要去倾听。杰里米·科尔宾（Jeremy Corbyn）把倾听作为自己领导力的支柱。2020 年基尔·斯塔默（Keir Starme）称自己"长期坚持倾听，并要求与人们就困难问题进行交流，从不避重就轻"。2020 年夏天，埃德·戴维（Ed Davey）在赢得党内领导选举后说，在接连三次选举失败后，他的党派必须要"开始倾听"了。当然，政客的话大多是官样文章，主要意图是把自己塑造成一个"好人"的形象，让民众相信他们是可以带来积极变化、值得信赖的领袖。倾听当然是必需的，但是这些政客的倾听方式却是极不可取的。

政坛上的倾听常常是个幌子，政客假模假样的倾听只是为了获得更多讲话的机会，是为了更好地辩解、否认和转移话题。

职场上的倾听问题与此非常相似——倾听是有选择性

的。有机会参与谈话的人大都是意见相同的人，谈话的内容也是由掌握权力的人决定的，他们把谈话作为宣传、引导和控制舆论的手段。这样的谈话与大多数员工并无关联，他们自然也不愿意浪费时间和精力去倾听。

在《倾听的政治》（*The Politics of Listening*）一书中，莉亚·巴塞尔（Leah Bassel）批评了忽视或禁止人们发声的政治态度。她在 2018 年的多元化和城市活动中说道："想要在公司里广泛地倾听不同员工的经历，我们就要实现讲话者和倾听者的角色转换。我们要做的是听，不是说。"

政客和公司的领导者都必须重视倾听、言行一致，这样民众和员工才能认识到倾听的意义。我们的政治领袖必须倾听不同的声音，不能总是急于为自己找借口。如果记者或主持人与政客的交流，只限于你问我答的提问和解释，那么谁还会去倾听呢？

为什么倾听在当今社会如此重要

在当今社会中，有一些话题是亟待倾听的。

1. 针对多元化的交流。这类谈话势必是困难的，无论是那些受到不公正待遇的人，还是对他人造成伤害的人（无论是有意还是无意），他们都迫切地想要去倾诉。而此时，我们真正需要的是认真倾听。交谈双方必须以伙伴的身份进行交流，秉承着做出改变的目标。双方说出的任何猜疑、评判或贬低对方的话都会使关系进一步恶化，因此这类谈话必须以良好的倾听为基础。

思想多元化是公司成功的保障。我了解的一家非常成功的公司，便极为重视多元化的交流，而值得关注的是，该公司从一开始就强调倾听在此类谈话中的作用，并积极培养员工善于倾听的本领。

2. 融入感。人是社会性动物，我们需要与他人建立联系。联系可以促进心理健康，为我们带来安全感。当他人大方地带着同理心倾听我们讲话时，我们就会感受到被关注，认为自己在对方心中是重要的。公司的融入度调查经常显示出员工和领导层的沟通是当务之急，但现实却是，领导下发更多的邮件、简报、通讯和文件，要求员工去阅读。领导下发的内容可能很有意思，但这样是否真正解决了问题呢？在公司中，沟通存在问题是一个危险的信号，显示出员工感到脱节、迷茫或不被接纳。因此，领导者要善于倾听员工的担忧，不要自证清白，也不要急于辩解，这样才能搭建信任的桥梁，也表现出领导对包容性的重视。

3. 确保人们敢于谈论心理问题。我观察到，我的大多数客户的公司都致力于促进员工的心理健康，鼓励员工要勇于吐露情感和心声，让人们可以坦诚地交流所遇到的困难和烦恼，并给予他们一定的支持。如果我们希望员工能迈出这一步，必须先保证他们的发言能够得到良好的倾听。在公司里负责心理健康的专职人员，一定要接受过系统的培训，具备良好的倾听能力，对此有足够的信心，并能对员工的倾诉给予合适的反馈。

在利用科技手段进行交流时，我们很容易忽略对方的消极情绪。因此，倾听也需要与时俱进，才能及时了解对方真实的感受和需求。

反思自己的倾听

1. 你倾听的目的是什么？

2. 谁教会了你良好的倾听？采用了哪种方法？

3. 如何使自己容易被他人倾听和理解？

·ıı)) 倾听者专栏：医生

　　瑞秋·梅森（Rachel Mason）是金斯顿医院妇产科的一位住院医师，她说倾听是自己开展工作的基础。

　　她对我说，她注重让患者感受到医生愿意倾听她的想法，这样不仅可以增强患者的信心，还可以在医生与患者之间建立信任。身为一名年轻的女医生，通过这种方法，她可以使患者坦诚且详细地讲出自己的病情。

　　瑞秋说，在短短十分钟的交谈中，患者会告诉医生所有他们认为重要的内容，而此时她要做的就是专注地倾听，不放过任何一掠而过的信息，因为看似细枝末节的话语也可能成为诊断的关键，而片刻的走神都可能差之毫厘，谬以千里。

　　让她受益匪浅的是，她攻读的医学学位非常重视沟通能力的培养，并且强调倾听在沟通中的意义，开展了倾听技能训练，其中就包括如何与经常处于情绪化状态的人交流。因此，瑞秋已经习惯于用清晰简明的方式传递信息，将复杂信息进行切割，并以谨慎而舒缓的语气交谈。她在这项技能上所投入的时间不仅使她具备了做医生的资质，也为她的个人生活带来了益处，让她能够始终保持专注，从而增强了她所有的人际关系。

　　作为一名医生，瑞秋会把所有的成见"留在门外"——避免对患者的行为做出任何评判，因为长期的观察使她了解，恐惧和急躁会使人变得无礼。面对这样的患者，她会深吸一口气，让对方知道自己是来提供帮助的，并且愿意倾听他们的心声。然后，患者的情绪就会有所改善。

她还谈到，作为一名医生，她承受着巨大的压力，每当她觉得自己即将"爆发"时，就会为自己按下"暂停键"，做一个深呼吸，重新调整好自己的情绪，用最佳状态迎接下一位患者。

她的一条建议使我深受启发：有意地去感激他人。她认为，这样做有助于增强沟通双方的信心，从而创造一个更和谐的沟通环境。

她经常难以将生活与工作分离开，回到家后仍在思考工作中的事，比如自己是否做出了正确的决定，但是她说："如果我能以尊重和感激的态度对待他人，便会认可自己的所作所为。"

第二章
转变之实

本章将探讨如何在公司内部进行广泛且深入的倾听，以及如何使员工感受到自己所说的话被认真倾听了。

换班的工作 [1]（shift work）往往非常辛苦，其中包含了许多非常规性的任务。我之所以使用"换班"（shift）这个比喻，是因为"倾听转变"（listening shift）在许多人眼中亦是额外的负担，需要投入大量的时间与心血，但是，为此付出的艰辛努力，必定会为我们创造出巨大的价值。

- 在公司开展深入倾听的五种方法
- 如何开展员工倾听的会议
- 讲话者 / 倾听者技巧

---

[1] 一些行业须在假日、晚上和周末等非主流上班时间运作及提供服务时实施的工作制度，常见于服务业、公共事业、医药业、制造业等。——编者注

在公司开展深入倾听的五种方法

2017 年，股权管理服务公司卡尔塔（Carta）的首席执行官亨利·沃德（Henry Ward）在其公司官网发布了该公司的阴影式组织结构图。

沃德使用的层级式组织结构图与其他传统图表别无二致，都是自上而下的"家谱"式结构，但他的阴影式组织结构图却是更为错综复杂的图表，详细地展现了存在于卡尔塔公司内部的"影响关系网"。沃德此举的意图是要找出公司里具有影响力的员工，并了解这些员工在其职位上是如何影响公司的氛围和决策的。

图表所呈现的结果令人非常意外，尤其是在沃德找出了公司里最有影响力的 20 个人时，他惭愧地发现，作为首席执行官的自己竟然没有排进前十名。

我相信他绝对不是唯一一位沦落到如此"境地"的首席执行官。

广泛而深入地倾听各级员工的意见是领导者增强影响力的机会，但这不仅需要在行动上长期坚持，保持它的可持续性，而且还需要态度诚恳。要做到这些，可以尝试以下五种方法。

1. 开展"倾听审计"。员工们不会有耐心去完成一份冗长的敬业度调查问卷。领导者进行此调查的目的，应该是与员工展开深入交流，而不应仅是为行动方案搜集数据。因此，领导者要利用这个机会，承担起沟通者的角色，通过提问的方式与员工谈话，以便了解他们关切的问题并满足他们的需求。在沟通前，要仔细设计适合公司情况的问题，考虑如何在公司营造归属感。下面的几个问题可供参考：

- 你认为在工作中对你而言重要的人倾听你的讲话了吗？
- 如何能够让你感受到自己的讲话被倾听了？
- 在什么情况下，你能够认真倾听？
- 对你而言，良好的倾听是什么样的？
- 如何让公司拥有良好的倾听氛围？
- 你会如何向你的朋友或新入职的员工描述公司的倾听方式？

2. 挖掘公司里潜在的倾听人员，并对他们加以训练。倾听不应仅是人力资源部门的职责，在公司里，任何有机会召开和主持会议的人都必须是一个训练有素的倾听者。除此之外，倾听还大有可为，我们可以对倾听进行宣传，促使倾听氛围蔚然成风。要向员工说明倾听的重要性，然后筛选出能够真正倾听同事们想法的人。他们可以是任何部门的员工，最好是来自各部门的代表。一旦拥有了这样一批兼具好奇心和同理心的倾听者之后，下一步就可以着手训练他们的倾听能力了，但这不是开展一次以倾听为主题的分享会就能实现的。因此，我建议要在公司打造专门的倾听课程，采用融合型培养方式——涵盖线上和线下两种学习模式，由设备组和领域专家共同支持。我们要让这些员工成为企业文化的优秀榜样，公开认可和赞赏他们通过倾听为公司做出的贡献。如果员工们发现领导如此重视倾听，便可以为公司带来积极的连锁反应。

3. 组建"倾听小组"。倾听小组的组建原则与焦点小组类似——由公司里的一小部分人组成，针对一些特定话题和内部问题交换意见；而它们的不同之处在于，倾听小组的工作重点在于定期开展倾听活动。在社区项目中，这种小组可能会被称为"倾听圈子"。起一个好名字是成功的开始，因此要选一个符合公司特点的名字。倾听小组的目标不是实质性的产出——不去解决问题，甚至不去诊断问题，而是通过倾听机制让人们获得倾诉的机会，并且得到他人的倾听与认可。讲述个人经历和故事是我们几代人一直用来建立关系和圈子的途径，而如今我们一切从简、从快的交流方式，却渐渐扼杀了这项本领，因此我们必须重新掌握它。

4. 经常召开全体员工大会。这种会议可以让领导者倾听和回应公司所有的员工。我之前见过以问答形式进行的全体员工大会，它们有时候能够取得不错的效果，但缺点是只有非常自信大胆的员工才愿意在此场合发言。在全体员工大会上，领导者几乎可以应用本书介绍的所有技巧，因为他们在会上要清楚、简明且自信地与员工交流，表现出乐于倾听的姿态，开诚布公地回应员工关切的问题，进而实现建立良好关系的目标。

本书的第二部分聚焦于表达能力的提升，使倾听者更好地理解我们传递的信息，但前提是要保证会议上的良好互动。下面将介绍几个我喜欢的方法。

- 预先收集问题，在会议上做出回应。英国广播公司有一档《问题时间》节目，观众会在节目录制前，以及等待就座的过程中，预先写下自己的问题并提交上去。然后节目制作人将问题按照主题进行分类，选取每个主题中的最合适的问题在节目中呈现。我们也可以采用此方法，在会议开始前收集问题，这样便能了解员工心中最急迫且最具有普遍性的问题。

- 在会议中设置一个环节，把员工分成若干小组，每组5~6人。给出一个与会议主旨有关的话题，以小组形式进行 10~15 分钟的交流。然后，要求每组提出一个问题，并以书面形式提交，或指定一位发言人在大会上提出。

- 在对大会的某个议题或要旨进行简短介绍后，同样把员工分成若干小组，但此次由领导团队成员来担任小组会议的主持人（倾听小组的成员担任主持人的效果更佳）。这类小组会议需要更长的时间，大约 30 分钟为宜。在每组指定一名记录员，以记录小组讨论的成果并提交上来（可以匿名提交）。注意一定要让员工了解设置记录员的目的，以及所记录内容的具体用途。因为员工需要在安全的环境下才可能发表有建设性的意见，否则得到的将只是礼貌性的恭维，不具备任何实际价值。

- 创造创新性交流的条件，如公共书写或录制区，员工可以在此就一些事项发表见解。有时我们也把这种模式称为"世界咖啡馆"，这种新型社群活动具有强大的活力，可以让每个人都融入交流中。作为领导，一定要及时总结在此读到或听到的内容，并及时做出反馈。在进行这种涉及许多员工的对话时，我们要表现出自己认真对待问题的诚意，确保自己一贯的反馈时间。假如你定在每星期四的 6 点进行回复，那么就一定要遵守这个时间，不要以任何借口拖延。神经领导力协会的戴维·罗克（David Rock）[1]认为，给员工

---

[1] 戴维·罗克提出的"基于大脑的协作及影响他人的模式"（A Brain-based Model for Collaborating with and Influencing Others），载于《神经领导力期刊》（Neuroleadership Journal），收录于 2008 年 6 月。——作者注

以确定性是领导力的基础。当然，我们也不必过度承诺，因为确定性就是言出必行，说到做到。

5. **开展巡回倾听**。公司的高层领导，包括董事长、董事会成员和非执行董事，都应该定期走访员工，进行面对面或线上沟通，以了解员工的工作体验，收集员工有何建设性的意见，这对于领导者开展工作有很大帮助。一些员工在面对领导时会选择保守的做法，因此领导们一定要态度诚恳、平易近人，要先去花一些时间与员工建立信任，而且语气上要真诚，表现出对这位员工和这次谈话的重视，绝不能像在念事先准备的稿子一样。查里·昂温（Charlie Unwin）是表现心理学领域的知名专家，他还曾在伊拉克担任过陆军排长。他在谈及自己的这个身份时，曾分享过一种叫作"四分之三杯茶"的谈话模式——他会定期与士兵见面，邀请他们喝茶，以了解他们的心理状况。他说，要等到茶喝掉四分之三后，他才能听到士兵们的真心话，此时士兵们谈话的态度也会由恭敬转为坦诚。同理，在公司开展巡回倾听活动时，员工们一开始也会表现得非常礼貌，并且在沟通前就做好了充分的准备，而作为领导，我们要有足够的耐心，与员工推心置腹地交流，当杯里的茶喝掉四分之三时，便可以得知想要的答案。

如何开展员工认真倾听的会议

开会是日常工作中不可避免的事务，我们在各类会议上投入了大量的时间成本。如果开会效果好，不仅能够提高工作效率，还能促进员工之间的相互理解，培养融洽的团队关系。然而，开会在当今的职场上越发令人厌恶，引来无数的口诛笔伐，人们认为开会的过程和会议的准备都浪费了大量时间。

由于人们互动方式、沟通风格偏好和企业政治环境等因素的不同，多人沟通成了当下最困难的沟通模式。开会时，我们会不假思索地认为其他人都在认真听我们讲话；而我们在倾听时，也常会装出一副在听的样子，而实际上早不知神游何处了。

> 我的一位客户不久前对我说，在新冠疫情第一次居家办公期间，他所在公司的首席执行官召开了一场为期三天的线上会议，其中的每个分会场都有 40 人参加。大会伊始的时候，会议议程就呈现给了所有人，在整个

会议期间，所有人都处于在线状态，每天只有一顿午餐的休息时间。

每天的会议结束后，一份冗长的行动要点清单会下发到每个人手上。我的客户说他"根本不清楚接下来应该做什么"。在开会的过程中，大多数员工的界面都处于静音状态，只有一小部分人打开了摄像头，其实每个人都在处理自己的电子邮件和其他事务。

在这样一个极其成熟、世界知名的公司里，这样的会议仍然存在，实在是令人失望。这种会议不仅不能达到预期的效果，还会让员工们感到倦怠和不满，使每个人都要同时处理大量的工作，结果当然就是没有人在认真倾听。

人们只能保持几分钟的注意力，随后工作效率便会有所下降。但是 Outlook、Microsoft Teams 和 Zoom 这些会议软件，却为我们预设了整整一个小时的会议时间，或者至少也要三十分钟。因为会议时间设定的关系，我们即便觉得已经完成了交流，却仍然很难走开。

为良好的会议倾听创造条件

（1）预先询问员工希望会议持续多长时间，以及会议之间需要休息多长时间，用于理解会议的要点，并重新进入状态。

（2）在开会前，征得员工对会议议程的一致同意。要了解员工想要探讨什么话题，以及期望能对会议做出什么贡献。

（3）本着协作的精神，尽可能使员工对会议时间、地点和形式达成一致。

（4）争取在十五分钟之内完成会议，然后让大家离开，并反思会上提出的要点和问题。英国明智谈话（Talkwise）有限公司的艾伦·罗伯逊（Alan Robertson）建议，重新拟定会议议程要点，将其以问题的形式呈现，而不要以话题的形式，把获得解决方案作为会议的目标导向，以使会议取得实质性成果。

（5）创建一个所有人都可以编辑的文档，以便参会人员能在会议间隙继续交流，可以根据公司的实际情况，使用如 Slack 和 Mural 等手机应用程序。

（6）商定好日期后，在上次会议的基础上再次召开会议，以沟通下一步的行动方案。如果要进行一项决策，因为我们已经广泛征求了员工的意见，此时便可以进行一次非正式投票，来了解大家的共识。

清晰、简短和协作是组织会议的关键因素，在这样的会议中，保证倾听质量更是重中之重。

讲话者 / 倾听者技巧

在主持会议时，我们可以运用"讲话者 / 倾听者技巧"。这项技巧借鉴了"伴侣疗法"❶，具有很强的实用性，可以有效提升会议倾听的质量。

该技巧的宗旨是使倾听者集中精力，关注讲话者所说的内容，从而达成相互理解。此时，交谈双方都不能只顾着自说自话，而是要尊重对方讲话的权利。这就避免了很多会议中"你方唱罢我登场"的现象：对方讲话时我们不耐烦地等待，并不认真倾听，对方一旦说完，我们便立刻发表自己的观点，急于把话题转移到自己身上。这样的会议比比皆是，不仅没有人在认真倾听，还可能会使其主题演变为打断别人和主观臆测。

无论我们尝试哪种新的沟通方法，都要先做好心理准备，一开始时会遇到一些阻力。虽然我们惯用的沟通方法也

---

❶ 参见霍华德·马克曼（Howard Markman）等编著的《为你的婚姻而战》（*Fighting for Your Marriage*）一书。——作者注

未必就能保证好的结果，但是长期的实践已经使之趋于完善，更容易为人们接受，所以沟通自然就会更加顺畅。使用新的沟通方法不是一蹴而就的，需要我们在实践中不断摸索，这正是习惯形成的必由之路。为此，我们可以向参会人员提前说明新沟通方法潜在的"副作用"，会后再对其落地情况进行回顾和反思，以便进一步调整和优化。这在增强我们组织和沟通能力的同时，还能够提升会议效果，真可谓一举多得！

许多年前，我每周五晚上都会和朋友们聚会。我们会先去看一场电影，然后再去吃咖喱饭。我们总是去同一家餐厅，挤着围坐在一张大圆桌旁谈天说地，聊电影、聊时政，也聊生活。有时聊得热烈起来，我们无意之中便建立起了一个规则：谁拿着胡椒罐，大家就听谁说，等这个人说完了，再把胡椒罐传递下去，让下一个人说。每当我们交流得热烈起来，都会采用这个方法。有时甚至会有人一把抢过胡椒罐来争先表达观点。虽然这听起来有一点奇怪，但确实是一个非常有趣的方法，而且能让每个人都参与进来。它让餐厅成了我们绝佳的交流场地，而更让我惊喜的是，它增强了我们这个小团体的凝聚力，让我们能够理解不同的观点，并且相信只要我们想要表达观点，就可以获得表达观点的机会。我们中有些人本身就更善于带动气氛，他们会刻意照顾到那些不善言辞的人。这个方法给了我很大的启发，后来我把它应用到了客户的团队引导中。不过用的不再是胡椒罐，而是会议桌上的某件物品。

被他人倾听是一件令人振奋的事情，所以，即使我们觉得讲话者／倾听者技巧难以掌握，也要坚持下去！沟通中务必要了解他人的感受，如果它能帮助我们获得想要的结果，那便说明我们掌握了它的精髓。我们也可以在与朋友或家人的交流中尝试这项技巧。

讲话者／倾听者技巧

讲话者守则：

1. 说自己的观点——不要以为自己知道对方在想什么；

2. 不要滔滔不绝地说；

3. 经常停顿，让倾听者转述自己的话。

倾听者守则：

1. 转述自己听到的话，不要去解读；

2. 不要打断和反驳——专心倾听讲话者所说的内容。

双方守则：

1. 讲话者发言时，倾听者不能打断；

2. 倾听者转述时，讲话者可以打断；

3. 讲话者要给倾听者发言的机会。

这都意味着什么

讲话者守则

1. 说自己的观点——不要以为自己知道对方在想什么。 这是自我意识和自我约束的体现。我们听到他人发表观点时，经常会忍不住揣测他的意思，却不会主动询问，请求对方进行解释。比如：

讲话人说："这个项目已经花了很长时间，我们需要加大资源投入，做好最后阶段的工作。"

倾听者心里想的是："他是想让我周末加班。"

2. 不要滔滔不绝地说。 你听说过"WAIT"这个缩写吗？它代表：我为什么要说？（Why Am I Talking?）这是讲话时一个自我检查的方法。我们可以观察人们在会议上表达观点的时间，尝试计算出最有效的时长。我最近便向我的一位客户反馈了在网络研讨会上所观察到的情况，他对提问者的每个问题，都要花整整四分钟的时间来解答。他的本意是为提问者提供帮助，所以会先铺垫背景，再提供大量的观点，最后分享个人建议。然而，用四分钟回答一个问题太长了，不能指望所有参会者都能记住这么多信息。因而，倾听者肯定无法转述他的话，倾听的质量必定会大打折扣。

3. 经常停顿，让倾听者转述自己的话。 该技巧适用于较为困难或复杂的话题，以及可能引发愤怒、难过等强烈情绪的话题。使用这一技巧需要在会议之初就对此进行说明，否则在会议中频繁停顿，就会让人听起来像是讲话者在摆架子。因此，一定要事先说清楚这样做的意图。

倾听者守则

1. 转述自己听到的话，不要去解读。 转述是对听到的关键信息进行回顾和总结，此时要避免主观解读。讲话者会停下来让我们有转述的时间。

例如：

讲话者说："这个项目已经花了很长时间，我们需要加大资源投入，做好最后阶段的工作。"

倾听者的解读："他的意思是我们在这个项目上还不够用心，现在想找更多更有经验的人来完成它。"

因为讲话者的句子很短，所以很容易转述，甚至可以完整地重复整个句子。

倾听者转述："他的意思是我们要把资源全部投入到项目的收尾工作中去。"

2. 不要打断和反驳——专心倾听讲话者所说的内容。 在倾听的过程中，要抑制自己打断和纠正对方的冲动，也避免使用一些打断的话术，如"您说得对，但是……"。

双方守则

专注地倾听，此技巧必定会保证我们说话的机会。要先让对方讲完自己的思维过程，将信息表述清楚，而我们在倾听过程中，要以一小段话语为单位进行多次转述，然后再轮到自己发言。会议可以指定一名主持人，或者用某件物品来表示此时谁拥有"发言权"。

如何不断改进

如果员工提出的想法或方案石沉大海，没有得到回应，或是出现了分歧，他们便会觉得自己没有得到倾听。因此，一定要保证对方的意见得到理解和反馈，使他们真正融入对话中去。

为了将此技巧在会议中应用得宜，我们需要反思自己在交谈中的表现。在会议结束前留出三分钟的时间，确认下面两个问题：

1. 运用此技巧时，有哪些方面做得很好？
2. 有哪些不足之处需要在下一次会议中改进？

线上会议的倾听

线上会议的环境会使个人的付出更难得到关注。因此，它对会议的组织和结构提出了更高的要求。虽然彼此见不到面，但是我们仍然希望拥有充分表达自己见解的机会。远程交流让人们很难了解彼此的感受，处于所谓的"低语境"之中。我们无法像和同事们坐在办公室里开会一样，获得全部的感官体验，只能借助设备通过图像和声音实现理解和交流。设备不佳会让线上会议的效果更加糟糕，暗淡的画面、糟糕的摄像头角度、音量过低的话筒，所处环境还可能存在着其他干扰。此时，使用讲话者／倾听者技巧可以使每个人的观点都得到充分的表达，并且更确信自己的发言也会得到认真倾听和理解。这给线上会议增添了几分"人情味儿"，让它不再只是例行公事的敷衍，同时也避免了误会的产生。

该技巧如何促进交流的融入感

作为领导者，为公司带来的最有价值的贡献之一，就是去开展关于融入感的交流，这种交流直指倾听的核心难处。不论是猜测我们要听到的内容，还是猜测我们听到时的感受，都会让我们感到不安。虽然讲话者／倾听者技巧不能缓解这种情绪，但是可以保障公司里需要被倾听和应该被倾听的人，都能够感受到被倾听，也真正得到了倾听。这是一个很好的契机，能够使我们最大限度地改善员工的工作氛围。

·ıı)) 倾听者专栏：冲突解决专家

以色列和巴勒斯坦和平活动家、戏剧治疗师本·耶格尔（Ben Yeger）自从 2007 年以来一直在各组织之间开展对话促成和协调工作。作为一名前以色列士兵，他提出了一个非常新颖的观点："我们会在冲突和分歧中评判他人，给对方贴上标签，并且很难避免这样的做法。"他传奇的个人经历和作为治疗师的技能，使他对倾听拥有深刻的理解。

在与他的交流中，最让我印象深刻的一点是，他主张在谈话中要放慢语速。他认为，语速放慢有助于倾听者理解我们的意思，这既体现出我们希望对方认真倾听我们的讲话，又为对方的倾听创造了良好的条件。

他告诉我，作为倾听者一定要认清自己在特定情境下的理解边界和理解能力。在通过谈话寻找解决方案时，我们可能会因为迫切地想要找到答案，而把自己的解读强加进去，结果没能通过倾听了解到真实的情况。

本书为倾听者提出了以下建议：

- 发自内心，用"爱"倾听；

- 在倾听和回应时，内心要慢下来；

- 把倾听作为一种美德，致力于提高倾听技能。

第三章
转变之务——管理你的影响

本章将分别探讨如何倾听自己以及如何倾听他人。

- 学会倾听自己
- 培养同理心
- 实现良好倾听的技巧
- 设定意图

学会倾听
自己

你非常忙，我深知这一点。对工作效率、职业过劳和当代"永远在线"工作环境的研究已经揭示了我们的生活状态。不论是远程办公、线下办公，还是采用融合办公模式，都让我们面临着极大的压力，那些随时冒出来的事务压得我们喘不过气来。

但是，如果不能做到专注，又怎么能够保证倾听的效果呢？

要想实现良好的倾听，我们必须搁置其他事物，专心致志地投入眼下的谈话中。

下面，我们将关注一些使自己保持专注的方法。

四种倾听自己的方式

1. 创造空间

各类心理诊疗往往都是预订一个小时的时间，但实际上只进行五十分钟的治疗。这间隔的十分钟非常宝贵，心理诊疗师将利用这一小段时间完成患者记录，并快速修整一番，重新集中精力准备下一场治疗。这种做法对于心理诊疗师和客户都很重要，不仅减少了忙碌慌乱的情绪，还让诊疗师能够沉着地营造有益于倾听的谈话氛围。

2. 转变思维

领导者在培训论坛上谈论处理事务和解决问题之间的差异时，他们通常会回顾自己的一个行为：每当他们做完一件事时，就会立刻在待办清单上勾选上一条，而且越这么做就会越上瘾。我的一位同事将此称为处理事务，而非解决问题。表 3-1 中分别列举了一些常见的事务和问题。

表 3-1　常见事务和问题举例

事务	问题
处理邮件 参加会议 参加 ZOOM 平台上的网络会议 创建模板 制作演示文稿 绩效评估 找一个共用办公桌 解决技术问题	设定愿景 探索企业文化 组织设计 了解同事和客户 融资以进行未来投资

"问题"容易使人产生畏难情绪，而且它本身就在不断

变化和发展，所以可能在很长一段时间内都无法完成。"事务"是可以快速产生结果的，同时完成事务也能带来心理上的满足感。因此，在压力的驱使下，我们会本能地优先处理事务、回避问题，因为我们倾向于去做能立竿见影的事情，厌恶充满不确定因素的环境。咖啡因、过度疲惫和同时处理多重任务，导致我们经常处于精神高度紧绷的状态，很难专注于当下并进行良好的倾听，没有时间展开深入交谈。你有没有与正在写邮件的人交谈过？这种交谈通常不会取得什么成效，充其量是事务性的交流。从倾听者的角度上来说，他没有时间进行交谈。讲话者的话不会引起倾听者的重视，又何谈去阐述问题和想法、寻找解决方案呢！

倾听是解决问题的重要环节。谈话更是基于倾听的谈话，因此我们要为自己创造有利于倾听的空间，沉下心来营造恰当的谈话氛围。

我们需要多长时间来集中注意力，准备好进行倾听呢？这个问题只能自己来回答，因此我们首先要做的就是检验自己：

（1）我是在处理事务还是在解决问题？

（2）我的"1 小时 /50 分钟"模式是什么样的？怎样才能更好地利用它呢？

在公司里创造空间并不容易，而在家办公时也同样困难，因为家里有太多的干扰，很容易让我们注意力涣散。在下文中，我们将讨论通过创造最适合自己的空间，获得倾听自己的最佳机会。

3. 关注在哪里和在什么时候可以获得最佳思考

可能是在：

- 遛狗时
- 跑步时
- 洗澡时
- 开车时
- 躺在床上时

有些情境可能会让你产生共鸣，但是我印象中没有听谁说过最佳的思考是发生在"电脑前"或者是"MS Teams[1]软件上"的。我列举的这些情境都是由空间造就的——是有规律的、连贯的行为，或是安静且没有压力的时间，此时我们可以进入深度思考，从而真正地倾听自己的想法和需求，并且关注自身的感受。我们将能够思考自己希望如何与他人交流，以解决在工作中面临的问题。如果我们能够创造空间，倾听自己内心的声音，便可以找到问题的答案。

---

[1] MS Teams，即 Microsoft Teams，是一款智能团队协作工具，具备聊天、会议、通话、文件共享与编辑等功能。——译者注

4. 保持注意力

如果我们很难注意到自身的情况，那么在倾听他人时，便会很难注意到对方的情况。这是丹尼尔·戈尔曼（Daniel Goleman）在他的《情商》（*Emotional Intelligence*）一书中所强调的"自我意识原则"。

戈尔曼的情商（EQ）模型经过多年来的发展已经愈发完善，但人们对其始终不变的解读是：情商是管理自己与他人情绪的能力。

你现在的情绪如何呢？低沉，或是兴奋，还是对一切都无所谓呢？2017年发布的一项研究❶确定了27种不同的情绪，你此刻的情绪很可能就是复杂的情绪组合。1984年，保罗·艾克曼（Paul Ekman）教授发现了7种基本情绪，后来他又修正为6种❷。这个数字可能还存有争议，但毫无疑问的是：不论我们如何去界定情绪，我们都能感受到它们的存在。

对于倾听者而言，关注沟通中产生的情绪极为重要。它

---

❶ 参见艾伦·S.考恩（Alan S. Cowen）、达契尔·克特纳（Dacher Keltner）的《自我报告捕捉到27种不同的情绪类别以及连续梯度跨越》（*Self-report Captures 27 Distinct Categories of Emotion Bridged by Continuous Gradients*）。——作者注

❷ 参见K.谢勒（K. Scherer）与保罗·艾克曼的《情绪的方法》（*Approaches to Emotion*）。——作者注

们可能是交谈对象使我们产生的情绪，也可能是当时的情况带给我们的情绪等。如果能够注意到自己的情绪，我们便可以确定合适的应对方法。

我们在倾听时会产生多种不同的情绪反应，表 3-2 中提供了 27 种情绪类型以供参考。

表 3-2　27 种情绪类型

钦佩	爱慕	欣赏
愉悦	焦虑	敬畏
尴尬	厌倦	冷静
困惑	渴望	厌恶
痛苦	迷恋	嫉妒
兴奋	恐惧	痛恨
感兴趣	快乐	怀旧
浪漫	悲伤	满意
有欲望	同情	得意

正念

　　近年来，正念作为日常生活中的一项注意力练习受到人们的关注。牛津大学正念中心的前主任马克·威廉姆斯（Mark Williams）教授认为，正念是我们直接觉察到的身体内部和外部世界每时每刻都在发生的一切。正念练习已经帮助很多人改变了人生，而且对这一领域的研究也不断地证明，练习正念能够加强自己的积极性和效率。无论我们练习的是正念，或是其他形式的冥想，它们都有着异曲同工之处，即能够有效提升我们的注意力。

　　谈到注意力，便不得不提到另一个概念——无意识。如果我们仔细观察，便会发现它在我们的生活中无处不在，比如我们经常无意识地回答他人的问题，无意识地处理日常事务。

　　哈佛大学的著名心理学教授埃伦·兰格（Ellen Langer），主要研究在不冥想的情况下进行的正念练习。她将此定义为每个人都具备的、一项能够注意到新事物的普遍性和日常性的能力。她将无意识解读为"特点是拘泥于旧的范畴中、阻碍处理新信号的自动行为，从单一视角开展的行动"。

我很喜欢她解释这个概念的方式——她重写了"小红帽"的故事：

从前，有一个习惯用无意识做事的小女孩，她叫小红帽。一天她去看望生病的外婆，结果给她开门的是穿着外婆睡衣的大灰狼。小红帽说："外婆！你的眼睛好大啊！"虽然她已经见过外婆的眼睛无数次了，但还是一点没有看出来眼前站着的不是自己的外婆。

所谓"注意"就是去避免无意识地做事，而小红帽由于太常见到自己的外婆了，所以她不再去注意辨别眼前的外婆是不是真的。其实不仅是眼睛，大灰狼扮作外婆后，嗓音、牙齿都不一样了，但是这些信息也被小红帽忽略了。在生活中，我们都可能成为小红帽——就像是打开了意识这辆汽车的"自动驾驶仪"，我们的大脑失去了判断力。小红帽太确定面前的就是自己的外婆了，以至于不再去动用注意力分辨。这种盲目的确定性思维，最终将她送入了深渊。

兰格将确定性思维描述为"一种极为残酷的思维模式"。她指出确定性"使我们的头脑麻木，无法考虑其他可能性的存在，对新的发展与事物失去了敏感度，从而导致裹足不前、故步自封"。

当然，确定性思维也经常出现在领导力领域中。我们此前在讨论如何在公司开展深入倾听时，曾提到了确定性在其中的作用——领导者承诺的事情就一定要做到。这对于建立员工对领导的信心和信任来讲意义非凡。如果是把确定性应用到注意力之中呢？试想，在以往的交流中，你非常确定的时候，是不是也恰恰是没有认真倾听的时候呢？

因此，我们要保持开放的思维，认真倾听自己和他人的讲话，把好奇、灵活和敏捷作为决策的原则。可不要让自己被"确定性"这只大灰狼给吃掉喽！

提升注意力的日常练习

1. 自我感觉练习：我现在感觉怎么样

在1~10分这个区间里（1分为最低，10分为最高），根据最直观的反应给自己此时的感觉打一个分数，然后分析这样打分的原因。

要从多个角度解读这个分数：是由于身体原因，还是情绪原因？或者是某些想法导致的？比如："我给自己打4分。因为我在这里坐太久了，而且感觉压力很大。我一直在想着早上的谈话，它不停地在我脑子里回放。"

"清空式倾听"——作为一名引导师，我很喜欢把这个练习称作"清空式倾听"。我会关注那些妨碍我全身心投入的东西，找出所有在我头脑中挥之不去、限制我注意到其他事物的东西。在格式塔心理学中，它们被称为"未完成情节"。每天进行至少 1 次"清空式倾听"练习，能够帮助我们更快、更全身心地投入，为进入倾听状态做好准备。

也可以用选词的方式进行这个练习。用一个词语总结自己此时的感觉，这个词语要依靠本能快速确定。然后依然要从身体、情绪和想法等角度分析为什么这个词会涌上心头。

2. 呼吸练习

调节呼吸方式会为我们带来很多益处，这是众所周知的，而且也得到了研究证实。而我比较感兴趣的一点是呼吸是具有传染性的。做演员时，每当我在台上忐忑不安时，我便会提起一口气憋在身体里，然后呼吸就会变得急促，观众也会跟着"叹气"，就像是在替我喘气一样。他们的身体动来动去，坐立不安，就连自己也不知道为什么会产生这样的反应。我之前见过有人在交谈时屏住呼吸，一直到对方说完为止，这样做会增加双方的压力，是非常不利于倾听的。我们也都感受过那种很舒服的呼气，比如，当我们来到某个轻松的环境，终于可以休整疲惫的身躯时，我们便会长吁一口气。周五晚上在家时、周末外出时，或是在阳光下度假时，我们都会有类似的体验。呼吸可以操控我们的情绪，进而影响我们的行为，也能影响我们周围的人。作为倾听者，要学会控制呼吸，以防通过呼吸发出消极的情绪信号，对谈话产生不利影响。

利用下面的呼吸练习来调节自身状态，控制情绪并增强注意力。进行呼吸练习时，我们通常选择自己一个人的时候，端坐好、闭上眼睛，以获得更好的效果。只要我们能将身心集中在呼吸上，下面的练习就可以在任何地方进行。学会调节呼吸后，我们便可以更加平静和从容地融入交谈。

- 箱式呼吸法：吸气并从 1 数到 4，屏住呼吸并从 1 数到 4，呼气并从 1 数到 4，自然屏住呼吸并从 1 数到 4。重复进行。

- 4—7—8 呼吸法：吸气并从 1 数到 4，屏住呼吸并从 1 数到 7，呼气并从 1 数到 8。重复进行 4 次。

- 温度呼吸法：用鼻子进行轻松正常的呼吸，不要刻意用力。吸气时，感受空气进入鼻孔的凉爽；呼气时，鼻孔会感到温度。这是一个极为简易的练习方法，但是效果却很好。

3. 注意周围环境——听觉

只要花上几分钟的时间，就可以用这个方法显著提升注意力。先选择一个舒服的姿势，站或坐着都可以。保持静止几分钟来适应周围环境，然后将你的注意力转移到环境中所能听到的声音上。你可能会什么都听不到，也可能会听到电器运转的声音，去注意它们。再将注意力转移到稍远的地方，比如你所在的房间之外，然后越来越远，到整栋建筑之外。不断延伸，直至觉察到你能听到的最远处的声音，以及它与你所处地方之间的所有声音。

这是一个练习注意力的方法。通过注意周围环境中的所有声音，有效地提升我们的注意力。

4. 注意周围环境——视觉

观察你所处的空间以及空间内物品的摆放和布局。然后将视线移开或暂时闭上眼睛。这样重复做三次。

- 第一次，把自己想象成一个六七岁的孩童，找一找：在这个空间里有哪些可以玩的东西，或是可以"搞破坏"的东西？
- 第二次，想象自己需要打扫这个空间，分析：哪些地方需要大干一番，哪些地方不用费力？
- 第三次，把自己想象成一名设计师，思考：这个空间可以做哪些调整？哪些地方可以重新设计？哪些地方需要维持现状？

我们可以进一步以此来提升倾听能力，比如你需要与同事或客户进行一次重要谈话，可以去关注：环境对于谈话的结果造成了什么影响？ **❶** 眼前的空间会让他们产生什么感受？

　　我听很多领导者说起过，他们办公室的门一直是开着的。那么，当员工走进办公室时，他们会产生什么样的感受呢？只有去注意才能给出答案。

---

❶ 参见莱斯利·S. 格林伯格（Leslie S. Greenberg）和旺达·马尔科姆（Wanda Malcolm）的《解决未完成事件：将过程与结果相联系》（*Resolving Unfinished Business: Relating Process to Outcome*）一文，发表于《咨询与临床心理学杂志》（*Journal of Counselling and Clinical Psychology*）杂志，收录于 2002 年第 70 卷第 2 期，第 406~416 页。——作者注

·ııı)) 倾听者专栏：正念培训师

达米恩·旺福（Damion Wonfor）是一位高管教练、引导师、教练督导及正念培训师。他认为，正念对于倾听能力的培养是不可或缺的。也正是由于正念，使他在面对生活和工作中的困难时，都能专注于当下。

达米恩指出，正念为倾听者提供了两点关键益处：

1. 我们发现能够把注意力集中在自己所希望的地方；

2. 我们意识到如何把自己与正在面临的情况联系起来。

他建议要多询问自己以下两个问题，以此集中注意力，从而达到改善倾听的效果。

1. 我身上发生着什么？

2. 我正在经历什么？我如何同它联系起来？

我与达米恩一致认为，倾听者必须进行此项练习，因为在面对困难或关键谈话时，或涉及冲突、多元化和包容性问题时，或是理解团队或公司的最新变化时，我们经常会萌生自我保护的欲望。除此之外，还要注意自己释放出的其他信号，如身体反应、情感反应和直觉反应。达米恩主张注意自身产生的所有反应，而并非仅关注自己的想法。

我用下面的例子来解释达米恩的方法。

当我在谈话中受到了质疑，我可能会：

- 想法——他们说的不对，我要证明他们都是错的；

- 身体感觉——喉咙紧缩，脸色潮红，双拳紧握；

- 直觉反应——一定还有一些其他问题没有解决。

在通过正念倾听了这些反应后，我们便可以做到专注于当下，从而选择适当的应对方式。达米恩将此描述为"关注预警信号"，并表示这样可以增强我们对自身倾听能力的信心。

他对于倾听的建议是：

1. 深吸一口气。我们在倾听时，大脑常处于"自动驾驶状态"，这会使我们的意识游离。

2. 感受自己的脚和座位。通过注意身体与地面和座位的接触，将自己带回"此时此地"。

3. 保持好奇。兴趣是使我们保持注意力的关键。

为什么同理心有益于倾听

　　同理心可以帮助人们更好地倾听他人的讲话，这是毋庸置疑的。同理心其实也分为好几类，如个人同理心、社会同理心、情感同理心和认知同理心等。此节中我们将探讨它们会在什么时候、以哪种方式对我们的倾听造成影响。

　　同理心对于领导力的发展颇有意义。有同理心的领导者期望了解公司每个人的生活状况，这样有利于在公司建立起"共同体"，从而保证每个员工都能有所成就，更加热情地投入工作之中。有些人天生就比其他人的同理心更强，但同理心也是可以经过后天养成的，这个过程就像学习一项新技能一样。那么怎样才能有效地培养且发挥同理心呢？答案就是倾听。我们只有首先通过认真倾听来了解情况，才能真正做到理解和体谅他人，所以，要保持一颗好奇心。

社会同理心

　　如果想要充分倾听公司中关于多元化和融入性的谈话，

我们就要发掘和培养自己的社会同理心。

我们倾向于在听他人谈到某些特定经历时与对方共情，这种谈话所描述的情况让我们容易理解，从而产生一种"我能体会你的感受"的共鸣，小到通勤的烦恼，大到失去亲人的悲痛，等等。虽然我们未必真的感同身受，但是由于这些经历的普遍性，让我们很容易产生相同的想法，更易于理解和体会。

社会同理心要求我们了解一个社区或群体目前的情况或曾经的遭遇，那么此时"我能理解你的感受"便不再有意义了。因为此时与我们进行交谈的人，他们的生活方式和经历与我们是迥异的。我们很可能完全不了解他们，很难再根据自身经历或普遍性与他们产生共鸣，这正是难以倾听他们的原因所在。

从社会角度来看，社会同理心可以拓宽我们的眼界，让我们了解原住民和有色人种的生活，了解特殊人群的生活，了解遭遇过饥荒和灾难的人的生活，等等。

从公司角度来看，社会同理心能拓宽我们在公司里的关注范围，涵盖工厂或分公司的一线员工和操作人员，还有那些觉得自己被边缘化和不受重视的员工。而我们此前可能与他们毫无交集。

这么做的困难在于，通过交流我们思考的不是换作自己会是什么样的感受，而是要设身处地去理解他们的心理和处境。

比如，我们可能经常听到某个员工说，每次升职都没有他的份儿，他提出的想法和意见在会议上总是遭到拒绝，但同样的建议经别人一说便通过了，或者团队缺乏凝聚力和包容性，导致他无法参加团建活动，等等。此时，你可能会想，假如换作自己会有什么样的感受。但我们的同理心不应仅止步于此，我们还要进一步与他交流，倾听他内心的真实感受，并站在他的角度上思考应该如何解决问题。

2015 年《纽约时报》发表过一篇批评亚马逊公司工作环境的文章❶。这篇文章犀利地指出了亚马逊公司在管理上的缺陷，并用该公司员工的真实事例加以佐证。文章发表之后，亚马逊公司很快就产生了激烈的反应，多位公司领导人员极力为公司辩解，随即又开始批评新闻报道不实。亚马逊公司的创始人杰夫·贝索斯（Jeff Bezos）本人也出面回应说："该文描述的不是我所了解的亚马逊公司，也不是每天与我一起工作的充满爱心的亚马逊公司员工。"

我并不了解在亚马逊公司工作是什么样子，但是我觉得杰夫·贝索斯的回应非常值得玩味。假如他能够经常去仓库

---

❶ 乔迪·坎托尔（Jodi Kantor）和戴维·斯特莱特菲尔德（David Streatfield）所著的《亚马逊内幕：残酷工作环境中的比拼》（*Inside Amazon: Wrestling Big Ideas in a Bruising Workplace*），报道文章发表于《纽约时报》，发表时间为 2015 年 8 月 15 日。——作者注

看看，与那里的员工共同工作，那么他可能就会有不同的看法。他站的高度不同，日常接触到的员工级别也都很高，因此并不能了解全部的亚马逊公司，更不可能看到每一位亚马逊员工的工作状态。当然，也许他也亲身去体验过，但单就他的这次回应而言，本质上仍是辩解，他只想迅速平息这场风波，而没有借此机会去倾听员工的真实想法和诉求。

在 1997 到 2002 年间，英国广播公司制作了五季名为"回到地面"的真人秀。每期节目会邀请一位公司老板或高管到基层卧底，来亲身体验在自己领导的公司里，新入职员工或基层员工的工作状况。这档节目非常精彩，吸引了大批观众，员工们在节目揭秘之前对这位领导者的真实身份一无所知，根本不知道自己与公司里最有权力的大人物说出了真心话，而领导者在与员工相处的过程中，同理心便发挥了作用。他们体会到员工在自己所领导公司的工作和处境，并将此情况带回到公司的总部，促使领导层进行深刻反思和严肃交流。之后，公司通常会采取一些切实行动，改善员工的工作状况，以此来提高员工工作的积极性以及对公司的归属感。

如果领导者不愿意隐瞒身份与员工交流，也可以开展一系列谈话，鼓励员工客观地评价自己在公司的工作和生活状况，这对于他们而言是一种双赢。为了保证预期效果，这些谈话绝不能仅是一些客套的敷衍。那么，我们要如何展现出对倾听的重视呢？如何听到员工讲述自己的真实感受呢？

培养同理心

对于演员来说，与所扮演的角色产生共鸣，能够使他们更好地诠释角色的情感，进而去打动观众。演员通过联系自身经历，可以使情感表达更加强烈且真实。

培养同理心也可以采用类似的方式：通过联系自身的经历去体会他人的感受。虽然对方的经历不一定与我们完全相同或直接相关，但是感受到的情绪仍然有助于加强我们之间的联系。

足球运动员马库斯·拉什福德（Marcus Rashford）用自己儿时经常饿肚子的经历，作为自己的动力源泉，呼吁英国政府为贫困儿童在假期提供免费的餐食。

马库斯成长于一个贫困家庭，他的单身母亲艰难地把他拉扯大，他非常敬重自己的母亲，也敬重与母亲有相同经历的父母们，这便造就了他对家境贫寒人群的同理心。他的同理心让他的呼吁更有诚意，也更能打动人，进而影响了数以百万计的民众，人们纷纷慷慨解囊，提供物质和金钱的支持，同时也推动了政府改弦更张，承诺继续为孩子们在假期提供免费餐食。他堪称典范的冷静和执着深深地感染了人们，我们可以看到他的感同身受，因为他的真诚而信任他。

2017 年当选的新西兰总理杰辛达·阿德恩（Jacinda Ardern）同样由于同理心和善于体谅他人而备受赞誉。她敢于倾听来自民间的各种声音，不惧怕在人前表现自己的真实情感，例如她决定在内阁中接纳毛利文化各部分的声音。她代表着一种迥然不同的领导风格，她愿意去了解她领导下公民的生活、环境和文化，并乐此不疲。她的同理心不是因为她有相关的经历，而是因为她把理解他人当作自己的工作职责。

我很骄傲自己能专注于同理心，它让我可以感同身受，同时又变得坚强。

——新西兰总理　杰辛达·阿德恩

情感记忆练习

情感记忆练习是体验派演员进行的一项训练，以此帮助演员找到自身经历与角色经历之间的联系。这种联系只是情感上的契合，而实际经历的情境并不一定相同。情感记忆练习的意图是通过感官记忆，让演员重新体验自己曾经的经历，由此唤起对角色经历的同理心。我们可以根据不同的情境，利用这项练习发挥同理心的作用。

情境

乔伊（Joey）收购了一家拥有 30 名员工的小型营销公司，他打算留下其中的 15 名员工，解雇剩下的员工。留下来的这 15 人需要融入乔伊现有的由 35 人组成的团队，这个团队里都是经验丰富的老员工，而且员工之间也非常熟悉。这两组员工都因公司的改变而担忧不已。老员工们的担忧主要集中在公司氛围是否会发生改变、会变成什么样，以及他们如何展现出包容性，让这些新员工顺利地融入和适应。新员工则因为同事们被裁员而感到不安，也对自己未来要面对的新领导、新团队和新工作环境充满不确定感。

作为领导者，乔伊将如何与他们共情，以此打造一支有凝聚力的集体，让他们良好协作使公司更加繁荣，进而证明这次收购是有价值的呢？

发挥同理心

乔伊回想自己童年的经历，他与家人搬到一座陌生的城镇，同时转了学。他也因此告别了很多好朋友，在新学校他谁也不认识。这种情感记忆帮助他回忆起自己当时的感受，同样也就能体会到现在公司员工的相似感受。

第一步：感受到了哪些情绪？

乔伊记得自己当时很怨恨父母的决定，使他被迫离开朋友们。

他也记得自己当时很焦虑，在新学期第一天走进校门时非常紧张。

他还感到孤独，虽然只是在第一天短暂地有这种感受。

第二步：感官记忆

视觉：乔伊回忆起他在新学校第一天看到的所有事物。楼房，脸庞，各种物品的颜色、形状与大小，等等。

听觉：乔伊回忆起他听到的所有声音。清晨家里播放的收音机声，去学校之前一家人吃早餐的声音，上课铃声响起前操场上的声音，等等。

嗅觉：乔伊回忆起家里煮咖啡和烤面包的味道，学校走廊漂白剂的味道，教室里老师身上的香水味。

味觉：乔伊回忆起自己因为紧张，使早餐吐司吃起来像硬纸板一样。他记得自己一上午都焦虑得嘴里没什么味道，直到午餐时才好起来，当时他吃了奶酪三明治和苹果。

触觉：乔伊回忆起自己抱着父亲，在离开家之前都不想放开。他回忆起自己因为心不在焉，把手指卡在了储物柜门间，然后手指疼了一整天。他还记得自己坐在教室硬硬的椅子上，记得在计算机教室打字时键盘摸起来很光滑。

运用感官串联记忆可以勾勒出清晰的回忆。乔伊回忆起了自己那次搬家后第一天的生活，一切都是那么陌生、那么孤独。由此，他与新团队成员在融入老团队时遇到的问题实现了共情。乔伊可以讲出很多细节，让他的思绪回到当时，像是重新经历了那一天一样。

完成这项练习后，乔伊便可以更好地倾听他员工的想法了。通过情感记忆练习，他不再惧怕听到员工的情绪，他的感同身受使他体会到了员工们的烦恼和不安，同理心使他成了很好的倾听者。

用同理心思考问题

通过思考以下问题，了解对方的心态、行为和动机，从而帮助我们实现与对方的联系。

（1）他们对于当前情况的看法是什么？

（2）哪些方面会使他们不安？

（3）他们会产生什么样的情绪？

（4）他们可能需要什么？

乔伊可以利用这些问题思考，员工们在公司合并过程中的行为和动机。

老员工的看法

这是强加给自己的一次公司合并。自己需要调整工作方式来适应新的团队。领导者更关注利润而非员工的福祉。新的工作会带来更大的压力和负担。

哪些方面可能会使他们感到不安

我会被取代吗？如果新团队比现在的团队更出色怎么办呢？工作环境将会发生很大的变化，甚至工作地点都与之前不同。随着公司的这次发展，一定会有越来越多的工作推到我身上。

他们可能会产生的情绪

怨恨、焦虑、敌意、不知所措、态度冷漠。

他们可能会需要的东西

安慰、明确的方向、定期沟通、团队建设、稳定的工作节奏。不能一蹴而就，要有耐心。

更进一步：同理心地图

在产品开发的过程中，设计者通常要创建同理心地图，以便了解客户对产品和服务的反馈与使用情况，从而指导和优化产品设计。

我们可以在发挥同理心的过程中借鉴此方法，从而了解倾听的背景及对方的观点。

需要了解的问题包括：

- 他们看到了什么？

- 他们听到了什么？

- 他们的动机是什么？

- 他们担心的是什么？

- 他们有什么想法和感受？

- 他们说了什么？

想出一位你期望与之建立良好关系的人，观察此方法为你提供了哪些新的视角。

哪种类型的同理心更合时宜

我们都了解自己是不是一个天生同理心强的人。但同理心的界定方法有很多种，它本身就是一个复杂且宽泛的概念。我们需要回答的问题是：哪种同理心对倾听更有益呢？

1. 情感同理心。情感同理心是指我们受到他人情绪的感染，进而对自己的情绪产生影响。比如，因为他人哭所以自己也哭了起来，或者听他人描述一个令人恶心的画面后自己也感到恶心。这种类型的同理心并不利于我们倾听，因为我们很容易将他人的经历代入自己身上，受到此情境中的情绪干扰，从而失去理性的思考。

2.**认知同理心**。这是对他人所描述情境的理性认识。此时，我们虽然在感受对方的情绪，但是头脑依然保持着冷静。

上述两种同理心都是在试图理解对方，但是就领导力和倾听能力而言，认知同理心显然更适合。头脑保持冷静，才能专注地倾听，设身处地为对方着想，而不至于沉浸在自身的情绪中不能自拔。

你会有过多的同理心吗

凡事都有两面性，有时同理心也会妨碍我们做出理性的决定。凯文·杜顿（Kavin Dutton）教授在《异类的天赋》（*The Wisdom of Psychopaths*）一书中提出，有些职业反而更适合拥有精神变态特质的人群：只有最低限度同理心的人能够更好地帮助他人做出重要的人生决定，因为他们拥有清醒、理智的头脑，可以进行冷静思考。想想看，如果一名飞行员在遇到紧急危机时，担心自己的失误会让乘客遇险，因此被焦虑的情绪所困扰，无法当机立断，这将是多么可怕的事情！此时，我们一定希望这位飞行员不要有这么强的同理心。

我也注意到我一些同理心很强的客户，他们更在意自己在工作中会造成的影响。他们会在发布会或演讲前紧张，会在发表意见或通告坏消息时焦虑，会在传达董事会动态或要求同事承担更多工作时感到难以启齿。他们过于担心自己的话能否为对方所接受，进而导致做事畏首畏尾，这时同理心便成了他们发挥潜力的障碍。

如果我们的同理心过强，为公司做出某些决策也会更加艰难。例如，一家公司需要裁员，而公司里的员工都是忠诚的老员工，如果此时让同理心很强的你做决定，就会变得非常艰难。你可能会不由自主地想到，如果失了业，他们的生活会遭受多大打击，他们将怎样应对财务问题，能否很快找到一份类似的工作，等等。很多人都是这样，由于受到同理心的牵绊，就开始犹豫不决，导致决策一拖再拖，最终让公司蒙受损失。还有一些领导者会因此产生焦虑症状，比如压力过大、寝食不安等。这时，拥有同理心似乎就不再是一种优势了。

但是，我们不能因为同理心过强所潜在的弊端，就放弃对它的培养。实际上，我们绝大多数人都需要更加设身处地去替他人着想。认定过多的同理心会诱发消极的情感，这是人们逃避深入倾听的借口。因此，我们要保持自己的好奇心，对他人投以足够的关注和理解。

·))) 倾听者专栏：撒玛利亚会志愿者

玛吉·卡梅隆（Maggie Cameron）加入撒玛利亚会已经十一年了，她对倾听有着深刻的认识。她认为，倾听是理解的前提，如她所言："如果不去倾听，我们又如何得知发生了什么呢？"

我曾与她探讨在倾听时不做出评判的话题，她的见解让我深受启发。她说，我们很多人都是以解决问题为目的去倾听，我们需要在倾听中寻找和提供解决问题的方案，一旦我们认为自己找到了，就会立即停止倾听。

因此，她建议：在倾听时，不要刻意想自己接下来要说什么，也不要急于发表意见。我们要从容地保持沉默，为自己留出充足的空间去理解对方传递的信息。

玛吉将倾听者的作用定义为"传声板"——将听到的内容复述给对方。她认为，如果我们不知道该说什么，那就复述对方刚刚说过的话。此时，我们会发现对方会非常赞同我们的观点，就仿佛他们第一次听到这些话一样，也或许这确实是他们第一次听别人这么说。

撒玛利亚会的志愿者们倾听的都是他人生活中的悲惨遭遇，玛吉认为，在倾听他人的苦难时，她自己对生命也有了更深刻的理解，她愈加珍惜当下的生活和时光。由此，她获得了一条感悟："我们越耐心、越专注地倾听他人，自己也将会收获得越多。"

她为提高倾听能力提供了三条建议：

- 给对方时间——给予讲话者充分的时间和空间，使他们把自己的思绪捋清。

- 避免分心——关掉手机和电脑。它们只会妨碍你，让你无法全神贯注。

- 保持专注——不要认为自己是来影响或指导对方的，只把自己当作"传声板"。

如何
倾听

"我们的理解未必相同。你说你的，我听我的。"

我们当然了解自己采取某项行动、以某种方式做事或是怀有某个想法的原因。这种"自利"的思维倾向早已刻入了我们的大脑，因此我们在看待自己的决策和行动时，会觉得是清晰且理智的。与此同时，我们还会不断地回顾和反思自己的行为，并在这个过程中反复强调它的合理性。因此，如果他人对我们表现出无法理解或不认同时，我们便会觉得对方非常奇怪——怎么连这么浅显的道理都不懂？

不过换作我们自己，对他人也不可能有像对自己一样深刻的理解。我们只会注意到表层的东西，继而草率地下结论，给对方贴上"标签"。可是你认识的人中又真的有谁是以一成不变的方式做事吗？我们认识一个人的时间越久，就越觉得自己了解他们的想法和行事风格，甚至觉得可以预测他们在面对特定的情况时会做出什么反应。行为科学家将此现象称为"亲密—沟通偏见"，这个现象在恋爱关系中尤为明显，同时也常见于那些与我们长时间相处的人。

我们可能会认为，这种由长时间相处而建立的"默契"，会帮助我们处理相关的事务和决策。这是我们为维系关系而长期付出所带来的福利，是因为你们"目标一致""互相支持"，所以能够进行深入交流，让彼此的关系更进一步。有的时候确实是这样，但更多的时候，恰恰会适得其反：我们高估了自己对对方的了解，于是便懒于沟通；即使进行了沟通，也多半不会把对方的话放在心上，只会按照自己先入为主的心理预期去行事。

大约十五年前，我为一家银行的总经理提供了一段时间的辅导。每次见面，他都会问我"你还好吗？"我也每次都会给出肯定的回复，我的习惯就是在别人询问我的情况时，我都会回复说自己很好。但是有一天，我的情绪非常糟糕，家里发生的事情导致我的心理压力非常大。当天，我们在银行的会客室见面，他一如既往地问我"你还好吗？"我已经记不清当时我具体是怎么回答的，但是我决定坦诚地告诉他自己并不好，因为那时我认为我们已经相当熟悉了，我觉得可以充分信任他，并告知他真实的情况，于是我说："我今天不太好，因为……"还没等我说完，他突然就轻描淡写地打断了我："好的，好的，那太好了！"他是一个很好的人，还是个出色的领导、顾家的男人。过了一会儿，我趁他处于良好的倾听状态时，才提醒他刚刚没有认真倾听我的回答，他顿时感到非常惭愧。

于是我发现，每当别人问我"你还好吗？"时，我的标准答案都是"我很好，谢谢"。这是因为我能够感受到，提问者并不是真的想要听我的答案。这只是一个习惯，一个社交惯例，一种进入谈话主题的过渡方式，它就相当于说"你好"，如果没有这么一句，直接进入正题，会让对方觉得突兀。

如果在谈话开始的时候就没有集中注意力，那么在谈话过程中便很难再去专注了。所以，从一开始就认真起来吧！

跟进式问题

在深入探讨如何进行良好倾听之前，我们先来练习一句问候语："你还好吗？"

在一天的时间内，有意这样问候他人。用下面清单中的步骤来进行核对，并反思自己平时的问候方式，以加强自己的倾听能力。

（1）自我检查。准备好开始关注了吗？准备好集中注意力了吗？准备好开始倾听了吗？

（2）确认自己专注于当下。

（3）问出"你还好吗？"

（4）注意对方的回复，以及回复的方式，如语气、语境、肢体语言、面部表情和神态等。

（5）如果对方说出的是标准答案"很好，谢谢"，此时你要再进一步提问，以确定他们所说的"很好"究竟有多好。比如，你可以问他们："如果以 1~10 这个区间给自己的状态打分，你说的'很好'可以得几分呢？"

（6）说出一项你对他们的观察，如"我注意到你早上走路的时候脚步很轻快"或者"你今天比平时走路慢了一些，是在思考什么吗？"

这些细致入微的观察可以表现出你对对方的关注，被关注同被倾听一样重要。在简短的几句交流之中，你就已经向对方表明，此时你可以倾听、愿意倾听，而且已经做好准备去倾听了。

哈佛商学院的副教授埃里森·伍德·布鲁克斯（Alison Wood Brooks）将这种简单问候后的进一步提问命名为"跟进式问题"❶。她认为跟进式问题具有神奇的力量，可以让对方迅速投入交流中，并感到自己受到重视。确实！谁不希望自己在公司里受到重视呢？

我们可以根据实际情况，以此方法为谈话定下基调，也可以将其应用到更广泛的情境中。

---

❶ 参见埃里森·伍德·布鲁克斯和莱斯莉·K. 约翰（Leslie K. John）的《问题的神奇力量》（The Surprising Power of Questions）。——作者注

我们为什么倾听

社会学家查尔斯·德柏（Charles Derber）通过研究发现，在谈话中我们会通过自己的回复来为对方提供支持。但更多的时候，我们会想要接管谈话，把话题转移到自己身上来。[1]他将此称为"交谈自恋"，并在论文中详细阐释了人们的对话是如何变得越来越以自我为中心的。

我们可能会对下面的情景有所感触，也许我们曾被这样对待过，也许我们曾这样对待过他人。

用倾听提供支持

员工："我现在手头上的事情太多了，我不确定自己能不能应付得来。"

经理："听起来确实很棘手。你目前最大的困难是什么呢？"

领导者在指导工作或帮助员工时，这样的回复是非常有效的。用倾听来提供支持是一门高深的学问，尤其是涉及心理健康问题或者多元化和融入度时。

此时，我们要把谈话的重心放到对方身上，让对方充分

---

[1] 参见查尔斯·德柏的《追求注意力：日常生活中的权力与自我》（*The Pursuit of Attention: Power and Ego in Everyday Life*，2000）。——作者注

思考和表达自己的感受。

用倾听把话题转移到自己身上

员工："我现在手头上的事情太多了，我不确定自己能不能应付得来。"

经理："哎，我知道。但你看我这里，不也是积压了一大堆事儿要做嘛！"

这位经理想要借员工的话，来抱怨他自己的压力。他并没有认可员工所说的话，就直接把话题转移到了自己身上。这种类型的回复并不一定全然是消极的，因为它具备帮助双方建立共情的能力，前提是要把谈话再转移回对方身上。比如，经理可以这样说：

员工："我现在手头上要做的事太多了，我不确定自己能不能应付得来。"

经理："哎，我知道。但你看我这里，不也是积压了一大堆事儿要做嘛！不过我们倒是可以聊一聊，也许对你能有帮助呢！"

这样回复对双方都有帮助。只要在谈话中注意两人之间的平衡，双方就都能得到很好的倾听——相互倾吐心声、缓解压力，更好地处理各自的问题，在沟通中实现双赢。然而，这在现实中很难实现，因为领导者日程繁忙，所以他们未必有时间倾听员工的倾诉。

我们可以回顾一下，自己在日常交流中或在某些特定情况下，可能都曾做出过把话题转移到自己身上的行为，即便是出于善意。

用倾听解决对方的问题

员工："现在手头上的事情太多了，我不确定自己能不能应付得来。"

经理："好，我来告诉你应该怎么做。你要先处理好主要客户的业务，然后下午在 Slack[1] 上和团队碰面时，告诉他们你哪些工作做不完，不要等到局面不可控制了才说。"

作为领导者，我们可能会觉得为公司和团队提供解决问题的方案是自己的职责。我们的本意是要为员工提供帮助，创造解决问题的条件，但是在上面的例子中，经理回复的方式完全抹杀了员工的自主权，这样反而会加剧员工的心理压力，甚至让他们产生危机感，因为他们会猜想经理这样说是不是认为自己不能胜任这个岗位。

如果每次谈话都是如此，那么这位同事就会时常感受到压力。一段时间后，他就会觉得被倾听变得越发困难。瑞典卡罗林斯卡学院的研究发现，由压力引发的皮质醇增多和听

---

[1] Slack 是一款基于云端运算的社交办公服务即时通信软件。通过聊天群组和大规模工具集成，将各种企业沟通和协作的形式整合到一起。——译者注

力问题（如耳鸣）之间有关联。[1]虽然这个结论看似极端，但不可否认的是，我们在怀有压力时确实很容易分心。当我们与压力对抗时，心理上就会纠结，产生思想斗争，同时身体也会出现一系列反应，这都会严重影响我们的倾听状态。

感受到没有被认真倾听，或者没有被充分理解，都会加剧讲话者的负担，激发其沮丧的情绪，催生不被重视和受到排斥的感觉。而我们在倾听时，确实经常做一些表面文章，比如通过点头、发出同意的声音、使用肢体语言配合，以假装自己在认真倾听，但却没有真正运用好奇心和同理心，真诚地与对方建立联系。其实，对方通常都能识破我们的伪装，而这样只会让情况变得更加糟糕。

因此，我们需要通过练习来改善自己倾听时的状态，用倾听为对方提供支持，而不是把话题转移到自己关注的地方，更不是直接去解决对方的问题。

然而，我们都知道，情境对于交谈是极为重要的，在多人会议、一对一交流中，或者在个人关系的维系上，我们可能会采用不同的倾听方式。

如果两个人在谈话时争相倾听，那么谈话也就无法进

---

[1] 参见丹·哈森（Dan Hasson）等人的《瑞典劳动人口压力与听力问题患病率关系研究》（*Stress and Preva——lence of Hearing Problems in the Swedish Working Population*），发表于《BMC 公共卫生》（*BMC Public Health*）杂志第 130 页，发表时间为 2011 年。——作者注

行下去了。但是，正如我母亲常说的，这是一种"幸福的烦恼"，更是不常发生的事情。大多数时候，不论做出的贡献大小，我们都想要获得倾听与认可，因此才会在开会时形成"你方唱罢我登场"的场面：对方讲话时我们焦急地等待，并没有认真倾听，对方一旦说完，我们便立刻发表自己的观点，急于把话题转移到自己身上。

反思你在倾听时的本能回复，再想想这些回复适合于哪种情境。我们可能会对自己的倾听情况有一个总体的认知，但倾听方式又是否会由于倾听对象的不同而改变呢？我们对每个人的倾听方式都一样吗？如果不一样，又是什么造成了这种差异呢？

在思考这些问题前，我们要先对倾听对象进行分类。

1. 与你有临时交集的人。这是偶然发生的交谈，交谈的对象通常与我们的生活和工作没有利害关系。可能是在商场买东西时遇到的售货员；或者是来到家里或公司提供服务的技术工人；也可能是在某个社交活动中遇到的，但以后不会有交集的人；或者是工作中的同事，但是与你基本没有什么接触。

2. 你的团队成员或同事。他们是与你合作、受你影响和参与你日常事务的人，你会和他们频繁地发生交谈。他们对你来说非常重要，但是你对他们的私人生活不甚了解，你们的交谈主要专注于工作事务，不会进行亲密且私人的交流。

3. **你的社交圈子中的人。** 他们可能是你的朋友、邻居，是与你有更长时间、更深入接触的人。你们也许不常见面，但是你很重视他们，希望与他们待在一起。

4. **你的核心圈子中的人。** 他们是与你有最直接关系的人，可能是你的伴侣、亲密朋友，或是生活在一起的家人。他们与你的交流最为频繁，是你心目中最重要的那群人。

我们在反思自己对待不同人采用的倾听方式时，最好请几个信赖的同事、朋友或家人，询问他们，我们平时是如何倾听的，以及他们对此有何感受。这对你们而言都需要一定的勇气，因为让他们直言不讳地评价我们可能会使双方都有些尴尬，但他们的反馈会促使我们对自己的倾听有更好的了解。因此，我们要做的只有一件事：耐心地倾听吧！

你的倾听方式是什么

用文字或分数评价自己，仅凭直觉判断，以保证你不会下意识地为自己找借口开脱。

用倾听提供支持

从不		很少		有时		经常		频繁	
1	2	3	4	5	6	7	8	9	10

用倾听把话题转移到自己身上

从不		很少		有时		经常		频繁	
1	2	3	4	5	6	7	8	9	10

用倾听解决对方的问题

从不		很少		有时		经常		频繁	
1	2	3	4	5	6	7	8	9	10

注意：你可能更倾向于用"有时"或"5~7"来评价自己。这也没关系，只要为评价自己而做出反思，就会让你有所收获。但值得思考的是，做到"有时"就真的足够了吗？

实现良好倾听的十个步骤

在理想状态下，交流的过程应该是流畅的，双方都能够敞开心扉，互相理解和包容，态度诚恳，并坦然承认自身的不足，接纳他人的意见。但是，正如我们的人生一样，交流会有顺畅的时候，也会有不管怎么努力都不尽如人意的时候。人们讲话时亦是如此：有时的表达是流畅而清晰的，但有时由于种种原因，我们就是无法表达清楚自己的想法，就是无法让对方理解我们的意思。

而作为倾听者，我们也会面临同样的问题。默契会有"失灵"的时候，我们很可能会误解对方的意思，或者以为自己理解了对方的意思，便失去了继续倾听的耐心。因此，我要再度重申：实现良好倾听看上去不难，但是做起来却极不容易。

为此，我列举了实现良好倾听的十个步骤。不过，我们要变通地利用它们，不要机械地将其奉为圭臬，因为我们不可能在每次谈话时，都检查一遍自己是否遵循了这十个步骤，就像完成事务清单一样，每做完一项就打个钩，这显然是不现实的。实现良好交流需要一定的交流空间，需要双方本着相互尊重的精神开展顺畅的交谈。

当倾听遭遇了困境，我们可以反思自己的倾听过程，找出困难和障碍，并利用这十个步骤对倾听加以改善。它们就像是你的朋友，可以在危难时助你一臂之力，推动你抛锚的"倾听之车"继续前行。

多年来，我一直热衷于热瑜伽这项运动，但实际上我并不喜欢它，不仅因为做热瑜伽对我的身体和心理都是一种磨炼，还因为它会耗费我很多时间。我之所以一直坚持，是因为在做完之后会有舒适的感觉，而且我相信它与其他运动结合起来会对健康有益处。我仍然记得很早之前的一位热瑜伽老师，她有个特点，就是在上课时会不断鞭策班里的学员，"如果你可以做得更好，你就必须做得更好！"每次她这么说时我都会很反感，但还是会听从她的指令，给予积极的反馈。她的话对我确实有激励作用，使我意识到自己能够做得更好、做得更多，让我不断挑战自己，挖掘自己的潜力。如果不是她的鞭策，我可能只能做得很一般，绝不会取得如此大的进步。现在我总是想起她，她的话也不断在我的脑海里回响。所以，为了帮助你实现良好的倾听，现在我也要对你说出同样的话。

"如果你可以做得更好，你就必须做得更好！"

第一步：避免直接评判他人

评判他人是我们的天性，是人类进化而成的一项本能，评判的意图是确定对方是否值得信任，能否做出成绩或贡献。换言之，我们会从热情和能力两个维度去评判他人，这种方法就是著名的"刻板印象内容模型"[1]。然而，仅根据这两个维度做出评判，可能会导致我们形成不准确的观念，从而对倾听产生不利影响。

在参加撒玛利亚会志愿者培训期间，我训练的重点之一就是杜绝在倾听时评判他人的倾向。因为我发现，在倾听的过程中，我总是能够快速形成观点，进而给对方贴上标签，

---

[1] 参见苏珊·菲斯克（Susan Fiske）、埃米·卡迪（Amy Cuddy）等人的《刻板印象（通常为混合型）内容模型：能力与热情分别来自对地位与竞争的感知》[*A Model of (Often Mixed) Stereotype Content: Competence and Warmth Respectively Follow From Perceived Status and Competition*），发表于《个性与心理学杂志》（*Journal of Personality and Social Psychology*），收录于2002年第82卷第6期，第878~902页。——作者注

这导致我在整个谈话过程中的态度也会随之变化。而且，我发现很多人在这一点上都与我相同。这简直太糟糕了！

撒玛利亚会志愿者的倾听对象，由于种种原因，致使他们的遭遇是普通人难以理解的，而志愿者的任务就是在倾听的过程中与对方共情。如果我们听到他们的故事，不仅无法认同他们的人生选择，还去评判他们值不值得我们同情，那么又如何与他们共情呢？而且，谁又有资格去评判他人的人生呢？

在公司里，每个人都事务繁忙，能够静下心来谈话的时间和机会非常少，此时评判他人便成了一个惯用手段。如此前所说，假如我们非常了解对方，就会认为自己能够预测他们的反应和行为。我们还会对一些客户做出很苛刻的评价，例如会认定一些高龄的股东思维落后，对新鲜事物接受能力不强；会评价团队中的成员能力不足，一定无法胜任某项工作。随着我们对对方了解的增加，就更倾向于想当然地给对方贴标签，以为自己对他们了如指掌。

我们大脑处理听到信息的速度大约是说话速度的三到四倍，因此，就总能有时间去形成观点，从而对对方做出评判。

如果我们致力于提高自己的倾听能力，使员工感受到我们的专注，愿意用倾听给他们提供支持，从而成为一位善于倾听的领导者，那么就要摒弃评判他人的思维模式，更不要把曾经的情绪或因其他事件而产生的情绪代入眼下的情况，要认真地负起倾听的责任。这将使我们更加从容地进行第二步的练习。

第二步：保持好奇心

有些人天生就好奇心强，有些人读到这里便会想："没问题！这一步我不必格外留心。"还有些人认为，能否保持好奇心取决于对方是否有趣、交谈的话题是否有趣，以及其他外在因素，比如谈话时的情境、谈话时间是否充裕、话题是否与自己有关，等等。

然而，想要实现良好的倾听，好奇心是至关重要的。我们要做有好奇心的提问者，这是必须练就的一项技能，是不可忽视和避免的环节。领导者更应每时每刻致力于好奇心的培养，这样的思维模式会让倾听变得轻松，因为我们会对倾听的内容产生兴趣，使越来越多的问题出现在脑海里，对话也会由此更为顺畅。

大约十年前，一家矿业公司邀请我对该公司的领导层进行培训。他们都是极富个人魅力且睿智的领导者，我也很珍惜这次帮助他们提升沟通能力的机会，同时也可以让我了解自己之前所不熟悉的领域。他们是一个国际化领导团队，其中一位领导者让我印象颇深，他习惯于看重工作环境中的等级差异，经常会利用领导地位发号施令，以此来建立自身的领导权威。他便是我们之前所说的"用倾听直接解决对方的问题"。

为了帮助他消除这种错误的倾听方式，我给他布置了一项练习：我给他分享了一个做决定的亲身经历，一个我两年前曾经面临的两难抉择，要求他认真倾听，并在倾听的过程中要根据我的叙述，猜测我最终做出了什么决定。故事讲完之后，我问他："你觉得我做了什么决定？"他盯着我，一下子站起身来（他个子很高），然后说"你应该这样做……"他竟开始指导起我来。

我举这个例子不是为了批评他，他其实是一位很有才干的领导者，但是他已经根深蒂固地认为，他在生活中所扮演的角色就是要解决问题的人，以及去指挥他人解决问题的人。于是，他很难再以其他的方式进行倾听。

而这位领导者最要做的就是培养好奇心，摒弃确定性的思维模式。他要学会和同事们进行深入交流，集思广益，这对他来说是一个挑战，但也正是他通向成功的关键一环，因为他现在所处的文化与他之前习惯的工作环境早已大相径庭。

美国哥伦比亚大学多年来一直在研究人们在面对冲突时的好奇心，社会心理学家彼得·科尔曼（Peter Coleman）建立的困难对话实验室调查了大量有此类经历的人❶。这项研究

---

❶ 参见凯瑟琳·G. 库格勒（Katharine G. Kugler）、彼得·科尔曼的《复杂化：复杂性对于难以解决的道德冲突对话的影响》（*Get Complicated: The Effects of Complexity on Conversations over Potentially Intractable Moral Conflicts*），发表于《谈判与冲突管理研究》（*Negotiation and Conflict Management Research*）杂志，发表时间为 2002 年 7 月 21 日。——作者注

的目的之一就是鼓励对彼此观点的深入理解。彼得指出，如果争论的内容对于双方来说是复杂、多层面的，那谈话的成果通常会更加丰富，更加有建设性，即使双方未能达成一致，这样的谈话也会比那种单一的、只有两种观点你来我往的争论更能促成相互之间的理解 ❶。

其中的关键就在于好奇心。如果我们能够通过提问对当前的情况获得更全面的认知，对问题的复杂性实现更深入的了解，同时得以体会对方心中的多种情绪，这样不仅会使我们自己更好地倾听对方讲话，还会让对方感受到被倾听和被理解。我们正朝着这个目标前进，任重而道远！

第三步：问出感兴趣问题

首先，我要重新界定一个大家熟识的说法——"开放性问题"，这是由于两点原因：第一，人们已经对这个说法形成了约定俗成的认知，导致它的内涵和表现力被削弱了；第二，我认为这个说法不足以清楚地表达出提问者应有的态度和语气。因此，我选择了"感兴趣问题"这个说法来对其进行替换，以此凸显好奇心在交流中的作用。

在一家公司的引导师内部反馈会议上，一位参与者问了

---

❶ 参见彼得·科尔曼、罗伯特·弗格森（Robert Ferguson）的《解决冲突的关键技巧》（*Making Conflict Work*，2015）——作者注

另一个人一个开放性问题："你还有哪里不明白？"这虽然是一个开放性问题，但是却包含了明显的推断和暗示意味。会议上原本信任与和谐的气氛立即发生了改变，一下子陷入了辩护和尴尬的局面。沟通也随之关闭，这明显与会议的初衷相违背。这显然是一次失败的提问，也从侧面说明，进行小组交流前一定要做好准备，假如事先准备好了关键问题，我们就有充足的时间考虑如何提问更容易被对方接受。提问时请一定注意语气，不要让对方产生抵触情绪。

开放性问题在技能开发课程中占有一席之地，这样安排是有一定道理的，但问题是我们缺乏在实践中使用开放性问题的机会，这就会导致严重的混淆和困惑。而且这也是一个时间的问题，因为我们需要花时间去思考该问什么，以及如何问出，不能张口就来，贸然提问。

表达不佳的开放性问题称不上是感兴趣的问题，它们只会把话题转移到提问者身上。下面是我最近听到的一些例子：

- 你给客户打个电话，说服他们改变主意，怎么样？
- 为什么你不用我给你看的那个模型呢？
- 我们在哪里开会呢？我一般不喜欢在公司开会。
- 什么时候可以准备好，周四行吗？
- 你觉得谁更适合参加下个月的融资会？是我还是尼克尔？
- 进展得怎么样了？我听说有一些困难，所以有点担心时间问题。你觉得我们应该推迟完成日期吗?

在这些问题中,提问者的意图都是要问一个开放性问题,但它们都不是令人感兴趣问题,因为它们仅为提问的人服务,能够回答的余地很有限。因此,回答者能够感受到这些问题与自己无关,也不会为自己提供任何帮助。

你获得的答案取决于你提出的问题。

——托马斯·库恩(Thomas Kuhn)

表 3-3 是对这些问题的重现:

表 3-3　开放性问题与感兴趣问题举例

开放性问题,但是并无帮助	感兴趣问题
你给客户打个电话,说服他们改变主意,怎么样?	你觉得现在怎样做比较好呢?
为什么你不用我给你看的那个模型呢?	跟我说一说你用的那个模型吧!
我们在哪里开会呢? 我一般不喜欢在公司开会。	你想在哪里开会呢?
什么时候可以准备好,周四行吗?	你觉得什么时候可以准备好呢?
你觉得谁更适合参加下个月的融资会? 是我还是尼克尔?	下个月融资会的人选你有什么建议吗?
进展得怎么样了? 我听说有一些困难,所以有点担心时间问题。你觉得我们应该推迟完成日期吗?	进展得怎么样了?

　　使用"为什么"提问时要更加当心，因为它隐含着一种质疑或否定的语气，此时很容易引发"评判"的情况。因此，如果我们出于纯粹的好奇心问出"为什么"，那是没有问题的，否则的话便要谨慎使用。

　　在谈话过程中，这些问题都会引发进一步的询问，最终达成某项结论。让我觉得有意思的是，提问者很容易通过提问，引导对方关注自己感兴趣的话题。这些问题只为提问者服务，而不是为了得知对方的观点，也不是为了理解对方的情况。

　　要注意的是，好的提问方式不仅仅是那些以"为什么、是什么、是谁、在哪里、在什么时候、用什么方式"来构成的句子。教育家、哲学家彼得·沃利（Peter Worley）将开放性问题和封闭性问题都分为语法型和概念型两种[1]。比如，你在会议上问同事，"我们使用的是合适的策略吗？"这是一个封闭式问题，但它是概念性的，会随着讨论的展开出现更多提问的类型，展开更加深入的交流。

　　一个直接的封闭式问题能够引发对方强烈的反应，谈话也可能会由此变得热烈。比如，如果你问，"你了解自己想从对话中得到什么吗？"对方会回答，"是的""我觉得是"，或

---

[1] 参见彼得·沃利《给小学老师的100个创意：课堂提问的技术与艺术》（*100 Ideas for Primary Teachers: Questioning*，2019）。——作者注

者"不清楚""不太清楚"。无论是哪个答案，都会推动谈话的进展，因为你的下一个问题通常会是感兴趣问题，以此弄清答案背后的原因。

我们来从表 3-4 中界定一下感兴趣问题：

表 3-4　感兴趣问题的界定

问题类型	有助于提问者	有助于倾听者
询问型		×
漏斗型	×	×
探索型	×	×
诱导型	×	—
多项型	×	—
争议型	×	—
回忆型	×	×
反问型	×	×

深入一步

人们期望被他人问"感兴趣问题"，因为这既体现了提问者的好奇心，又能让倾听者有机会阐述自己的经历和观点。我们可以采用"TED"的方法，使谈话更加深入和丰富。

T——"告诉我……"（Tell me）

E——"解释……"（Explain）

D——"描述……"（Describe）

这种方法可以使对方说得更多，尤其适用于一些社交难度较大的场合，比如和从未谋面的人或团队交流时，便可以以此打开局面，逐渐建立友善的关系。需要经常"找话题"可能会给我们造成极大的心理压力，此时"TED"方法就可以派上用场，使对方说出更多的信息。然后，我们便能对他们有更多的了解，从而有的放矢地抛出后续问题。

第四步：慎用打断

2018 年，斯坦福大学语言学博士生凯瑟琳·希尔顿（Katherine Hilton）对普通交谈中的打断行为进行了研究。她发现对于打断这一行为的观点，出现了相对立的两个群体。其中一个群体被她称为"高强度群体"，特点是谈话气氛非常活跃，大家伙儿踊跃参与，各抒己见，除了主要讲话者之外，其他人也经常打断或同时说话。此时，如果其他人都沉默不语，讲话者反而会觉得不自然。另外一个群体，她将其称为"低强度群体"，对于这些人来说，打断是一种非常不礼貌的行为。随后，她又进一步提出对于打断行为的态度也存在性别差异。她认为，打断是一个复杂的机制，主要是由于社交规则因人而异，还取决于不同的文化、谈话背景以及谈话者之间的关系等。

英国声纹公司（VoicePrint）的设计者和创始人艾伦·罗

伯逊认为，从某种意义上来讲，打断和质疑提高了谈话的质量，使谈话重新进入正轨，推动了谈话的进程。

但这也取决于谈话的情境。我们要谨慎对待这样的行为，不要认为打断别人算不得什么大事。假如必须要打断，我们就要掌握一定的技巧。

北不列颠哥伦比亚大学在研究打断的文化差异时使用了下面的界定方式。

合作型打断

同意——打断以表示对讲话者的赞同和支持。

帮助——如果讲话者一时语塞或忘记要说的内容，对其进行提示。

澄清——打断以检查自己的理解是否正确。

侵入型打断

分歧——打断以表达不同的观点。

抢话——打断对方，但其继续就原观点进行阐述。

改变话题——打断以变更正在谈论的话题。

总结——转述讲话者的观点，但刻意降低大家对原话题的重视程度。

合作型打断非常契合通过倾听提供支持的理念，而侵入型打断则更多是把话题从讲话者身上转移，或是通过倾听来直接解决问题。

我们可能会倾向于高强度的交流方式，并将其看作是融入度高的体现。但要注意的是，某些打断，到底是出于善意的支持，还是为了以此来否定原观点？

我与英国一家颇有名气且非常成功的公司进行过多次合作。这家公司的员工给我的感觉是非常有活力、工作积极性很高，而且做事极有章法，但是他们内部的会议却经常发生打断行为，而且员工们似乎已经习以为常了。他们的打断大部分都是侵入型的：演讲者刚开始阐述自己的观点，还没说到重点，就会有人跳出来，尤其是一些资深的老员工，抢着发表自己的不同意见，或者提出一个完全偏离话题的问题。这对于本就不善于演讲、资历尚浅的人或没能做好充分准备的人来说，会是一次非常糟糕的职业经历，会使他们产生抵触情绪，更有甚者，还可能会对演讲完全丧失兴趣，以后也再不会进行尝试了。是啊！如果连幻灯片的第一页还没有讲完，就开始被人鸡蛋里挑骨头，导致演讲者根本无法阐述自己的想法，那么之前为演讲满怀激情地一次次排练、精心准备的论点和论据还有什么意义呢？

侵入型打断也是防御性沟通的特点之一，经常发生在处理矛盾和分歧的谈话中。此时，我们不愿听取对方的意见，便会通过打断对方，来为自己辩护或是反驳对方的指控，拒绝承认我们的错失。在这样的交谈中，双方情绪通常会比较激动，而此时我们最需要运用的就是下一步。

第五步：认可、鼓励和赞赏

我注意到，不论是在工作还是生活中，成功的交谈，往往都基于双方对彼此的认可与赞赏，因为这样可以表达友好和诚意，让双方都能感受到自己获得了倾听和重视。如果我们察觉到对方喜欢我们，认可我们的价值，并且期望与我们增进关系，那么与他们的交流就会变得更为轻松。这份"轻松感"来自双方弥合分歧、相互协作的态度和对缔造亲善关系的展望。如果能够长期坚持鼓励和赞赏他人，一定会为我们带来巨大的回报。

作为一名演员，我很早就意识到，一场成功的戏剧要以全体演员的谢幕来结束。观众们会热烈鼓掌、欢呼甚至起立，而演员要鞠躬感谢观众们的认可，也会鼓掌来答谢观众们的热情。

作为一名培训师，我有意地鼓励和赞赏我的客户，引导他们走出舒适区，探索自己身上更多的可能性。既然我的任务是要帮助客户对新的沟通方式建立信心，那么如果我观察到他们取得了进展或是成功实践了新的技巧，我怎能不去赞赏他们呢？如果我每次都能及时赞赏我的客户，那么通过我不断地鼓励，他们就一定能够获得更大的提升。

在撒玛利亚会做志愿者时，我们也会先去赞赏打进电话的人，认可他们勇敢地寻求帮助，向我们讲述自己的经历。在交谈的过程中，我们会安慰来电者，并鼓励他们说得更多。这样的鼓励很有意义，不但展现出我们在专注地倾听他们的讲述，而且还能表达我们对来电者的重视和关怀。即便是身处困境，人们也总能听进去鼓励的话语，从而激励他们迎难而上，坚强勇敢地面对生活。此时，我们用合适的语气说出的鼓励话语，迸发出了惊人的力量。

你知道如何在会议或交谈中认可他人的付出吗？这其实并不难。通过多年的观察我发现，成功的领导者身上都有一个共同特质：他们懂得如何赞赏下属做出的贡献。他们会公开说一些表示认可的话，比如"我觉得你说得很对""你说得非常有道理"，或者"感谢你让我们注意到了这点"，等等。

一家大型国际公司的营销副总裁，就非常擅长这种方法。他会有意地在会议中认可他人，听从他人的专业意见，以实现自己的目标。开会时，他会这样评论："你是这个项目的核心人员，你做得已经堪称完美了，我知道你在这个领域的专业知识远胜于我，但是我想我们是不是可以考虑……"然后再说出自己的观点和方案。这位副总裁非常善于让员工感受到自己的价值，让他们觉得在公司受到重视，以此打消员工在开会时的顾虑和恐惧。

作为领导者，让员工感受到自己受到重视是非常必要的，因为这样能够增强他们在交流中的安全感，降低潜在的危机意识，同时提高回报感。

第六步：沉默是金

写这一步时，我本想用大量的空白页来展现我的观点，但是这样做会非常怪异，感觉像是两个人坐在一起，但双方都一言不发。人们常说"沉默是金"，如果你一个人在自己喜欢的地方享受快乐静谧的时光，那么这句话就非常恰当，但是如果是两个人面对面坐着，进行困难的对话时，"沉默是金"便不合时宜了。沉默中往往充斥着别样的意味和情绪，它充分体现了倾听为什么这么困难。我们可能会害怕自己将要听到的话，或是害怕听到时会产生的感受。在沉默时，我们能体会到自己心中情绪的激荡，想要抑制情绪和打破沉默的渴望使我们不知所措。

可一旦我们适应了沉默，就会意识到它对于倾听者的价值。我们会开始放松——不必去推动谈话的进行，只需要等待。因为对方一定会说些什么，而且他说的很可能是我们没有想到的话。两个人沉默地坐在一起是一种奇妙的感受。

独自一人沉默思考是自我发展的过程，但也可能会导致思维反刍：脑海中反复出现同样的情景，使我们忽略当下的实际，或是重新创造实际来为自己的"故事"服务。但当我们沉默思考时，如果有另一个人在身边，便产生了交流的需要，促使我们整理思绪，把自己的想法表达出来。然后，我们便会得到对方的回应和理解——当然，前提是对方在认真倾听。

可以采用以下方法练习如何使用沉默。

（1）关注他人在与你交谈时是如何给予你沉默的思考空间的。如果对方打断了你的思路，问你一些不相关的问题或者干脆把谈话转移到自己身上，你会是什么感觉？

（2）找一个你信任的人，请他配合你练习使用沉默。这个练习一开始时可能会让你们发笑，但是没关系，把笑当成一种福利吧！

练习开始后，由你选择一个话题，可以问问对方一周的近况，或是类似的轻松话题，以便使你的精神集中于练习上，不必去担心谈话内容。让对方根据这个话题完成叙述，其间不要打断他。

在你回应之前，从 1 数到 5。然后随便问出一个探索型问题，让他再继续说。

重复从 1 数到 5 的步骤，直到谈话得出结论。

（3）请一位你信任的同事与你一起散步，让他说出此刻头脑中想的一件事，告诉他你将会认真倾听，并且不会打断、提问和评论。他需要用八分钟的时间来阐述事件和观点。八分钟太长了，所以可想而知，几分钟之后他便无话可说了。这时沉默便降临了。

进入等待……你与他并排行走，不要提醒他，大约三十秒后，他就会继续说话。在这一轮的谈话中，他会比之前说得更深入，提出更多想法，而第一轮所说的话似乎成了这一轮的铺垫。让他一直说下去，直至八分钟结束为止。然后花两分钟的时间做出回应。下一步将具体介绍做出回应的方法。

（4）关注在你有意使用沉默时，谈话整体上会产生什么变化？沉默是创造存在感和庄重仪态的关键因素，这是它能带来的一项附加优势。而最主要的优势还是针对倾听，如果学不会沉默，我们永远也无法成为一个善于倾听的人。沉默会为下面的几个步骤提供空间。

第七步：做出回应

美国演员、迈斯纳表演方法的创始人桑福德·迈斯纳（Sanford Meisner）[1] 将表演定义为真实的反应——演员要全神贯注于当下的情境，然后对感受到的任何外界刺激做出自发的反应。

倾听者也需要对讲话者予以回应。我们谁也不希望在自

---

[1] 参见桑福德·迈斯纳、丹尼斯·朗韦尔（Dannis Longwell）的《表演课：迈斯纳方法》（*Sanford Meisner on Acting, 1987*）。——作者注

己终于鼓足勇气去表达观点或讲述自己关注的事情时，对方却对此置若罔闻。桑福德的观点对倾听有很强的借鉴意义，如果我们在倾听中足够专注，就会很自然地去回应对方。

试想下面的情境：

同事："就这样吧，我真是受够了，我花了两个多小时在会上做报告，却没有达成一致意见，没有人在听我说。会议室里有一半的人在玩手机，另一半人在争论该由谁来领导项目，我们最后连谁应该去做什么都没有个结论！我刚刚接到一条短信说我的车被召回了，可我连把它送去修理厂的时间都没有，我今天最早也要晚上七点才能下班，然后我明天早晨还要第一时间赶到爱丁堡办公室。我连收拾行李的时间都没有！"

经理："哦，让他们自己处理吧！我要是你，我就不会担心他们，我都不知道你明天要去爱丁堡的事。那你能不能顺便给社交媒体团队拍一些城堡的当季照片呢？"

这位同事今天经历了一连串不顺心的事，他的心情很不好。经理想要提供帮助，但是我们会发现，他没有认真倾听。经理不想谈论会上的内容，对他的汽车被召回的事情也毫不在意。

这样的交流在我们的生活中比比皆是，这就是所谓的善意的沟通、糟糕的倾听。

这位经理应该在认真倾听的基础上做出回应，此时可以使用两种话术：

（1）"听起来……"比如"听起来真是一个糟糕的早晨。"

（2）"看起来……"比如"看起来你有很多事情赶在了一起。"

而最关键的是，我们要专注地倾听，给予对方恰当的回应，发挥同理心，表现出对对方的理解和在意。不要像上面例子中的这位经理，不仅没能感同身受，还只顾着自说自话。

第八步：重复谈话内容

重复讲话者的话可以使我们处于持续专注的状态，并提高倾听的准确性。然而当第一次尝试此方法时，我感到非常尴尬，因为它让我的回应变得机械且呆板，好像自己变成了复读机一样。但是这种方法的效果却非常好，有时当我们重复对方刚刚说的话，对方甚至会惊叹："对！就是这样！"他们甚至没有意识到这些话是刚刚从自己嘴里说出来的。此时，交谈俨然成了一种"交换倾听"。

重复对于情绪激烈的谈话尤为有效。比如，遇到难缠的客户投诉，或是团队对于首选方案产生了分歧等，都可以通过重复谈话内容来给气氛降温。

那位经理也是如此，他本可以重复同事的话："听起来你真的是受够了。"经理应该把这句话挑出来，因为这句话最有总结性，语气也最强，而且暗示着这位员工可能已经考虑离职了。如果不被倾听成为职场关系破裂的主要原因，那么重复谈话内容作为一种倾听的方法，就是弥合关系的有效手段，重复可以展现出我们此刻专注的倾听状态，以及与对方深入沟通的意愿。

试一试吧！它的效果一定会让你感到惊喜！

第九步：确认理解情况

确认理解情况是为了保证在倾听中能够准确地理解讲话者传递的信息。此时可以使用合作型打断方法，因为重要的信息是必须要领会清楚的，否则，倾听者和讲话者都会面临潜在的风险。

（1）作为倾听者，我们很容易由于理解不充分而主观臆测，尤其是当发生侵入型打断时，或有人试图将话题转移到自己身上时。

可以用以下的指示性话术来进行确认：

- "我想要确认一下我理解的是否准确……"
- "我可以向您确认几个要点吗……"
- "您可以为我重新回顾一下吗……"
- "我打断您一下，我想确认一下……对吗？"

● "打断您一下，我想回顾几个具体细节，来确定我们
的理解是一致的……"

（2）在讲话时，我们会下意识地认定倾听者的注意力集
中在我们身上，但我们都知道，走神是常有的事。

作为倾听者，少量、多次地请求讲话者解释也是保持专
注的有效方法之一。这样我们便会留意到一些需要延伸的迹
象和细节，也为在场的其他人节省了时间。

如果我们是讲话者，也必须为倾听者提供确认的机会，
让他们能够确定自己完全理解了我们的话，然后再继续说或
是结束谈话；还可以要求倾听者把重点重述给我们，以此确
认他们的理解情况。但要注意，绝不能像审讯犯人一样逐项
要求对方重述，要把握好语气和语言的分寸。你可以解释说
是由于自己说得太长、太晦涩或涵盖了太多要点，所以需要
他们从自身的角度重述一下，这样才能确保我们表达清楚
了。更不要直接问"都听清楚了吗？""都记住了吗？"，这
种问题是毫无意义的，除非交流中的人都足够信任彼此，可
以直言不讳地表达任何疑惑和不确定的地方，否则用这种笼
统的询问来确认倾听者的理解情况，只能是一种聊以自慰的
方式，并不会产生任何实际效果。如果倾听者没有认真听，
他们是一定不会告诉我们的；如果他们听了但是没有理解，
也很可能不希望其他人知道；如果他们只理解了一部分，就
可能会因为一知半解而在工作中出现失误。

因此，采取适当的方法去确认理解情况，对于倾听者和讲话者而言都势在必行。

第十步：总结

我们探讨的最后一步是总结听到的内容，但是并不是说因为它在最后一步，所以便要留到最后去做。

我在撒玛利亚会做志愿者时注意到，来电者通常需要很长时间倾诉自己的经历，他们的故事中会出现很多元素、人物和情节，而且覆盖很长的时间跨度。如果我从头听到尾，不仅对我的倾听能力是极大的考验，而且也会让打进电话的人倍感压力，因为他们说了这么久，根本不确定电话另一端的志愿者能否理解。为此，我会在倾听时经常停下来进行简短的总结。

在会议和谈话中，如果能以模块或章节的形式去思考，对倾听和理解会起到很大的帮助。我们将在第二部分去详细讨论结构，但就倾听而言，边听边做总结包含以下四点好处：

（1）讲话者能够感受到自己被倾听和理解；

（2）为倾听者减轻记忆压力；

（3）降低了笔记的必要性，从而加强倾听者和讲话者间的互动和专注；

（4）倾听者可以选择特定的部分与讲话者进行探讨，有助于倾听者做出后续回应。

倾听者需要通过提炼和重述来总结自己听到的内容，这表明我们不仅在倾听，而且真正理解了。

现在，你已经拥有了倾听的能力，已经是一位非常了不起的倾听者了！

⑴))) 倾听者专栏：死因裁判官

我曾与乔安妮·凯思利（Joanne Kearsley）（资深死因裁判官❶）针对倾听的话题进行交流，她向我阐述了倾听对于她工作的重要性——不仅在法庭上，也包括与同事之间的相处。

乔安妮是律师出身，因此有提前阅读证据的习惯。书面的材料使她可以掌握案件的全貌与细节，帮助她选定证人。然后，她会与同事沟通，倾听他们转述死者家属的情况，加深对案情与家属情绪的了解。

开庭后，她将倾听律师法庭上的陈述，再整合两次倾听的信息，形成完整的信息体系。她将此比喻为"完成拼图"的过程。而此时，最忌讳的便是做出评判，因为法庭上律师对案情的陈述，可能与她的预想截然不同。

这时，她会刻意提醒自己，保持思维开放。她认为要敢于推翻结论，承认案情的复杂性。她以公正为准则开展工作，那也是她的服务理念。

这是抑制内心评判的好例子，死因裁判官需要认

---

❶ 是英国法律中最古老的司法职位之一，担任该官职的人通常并不实际从事尸体的解剖和检验工作，尸检工作一般由专业医学人员承担，死因裁判官经常由律师来担任。——编者注

真倾听法庭上律师对案件细节的陈述，摒弃先入为主的观念。

死因裁判官经常处于情绪激烈、备受关注的场景中，传达使人痛苦和难以接受的信息。因此，乔安妮认为，对于他们来说，沟通中最重要的环节便是帮助他人倾听。她发现，有些同事在与死者家属或亲密的人进行沟通时，因其对案件已司空见惯，所以经常会忽略对方的感受，使得对方痛苦不已。她建议，沟通时在确保信息传达准确无误的前提下，要尽可能降低对方的痛苦。

她在提出建议的同时也在反思自己。她说自己"说话过于直接，不够委婉"。现在她深知，每个人的想法都是不同的，倾听者未必能够全然理解自己的意图。因此，她也在调整自己，学着去将心比心、推己及人。

设定意图

如果你观看过由罗伯特·德尼罗（Robert de Niro）、维奥拉·戴维斯（Viola Davis）或米歇尔·威廉姆斯（Michelle Williams）等知名演员主演的电影，就会发现他们的表演风格深受戏剧表演理论家康斯坦丁·斯坦尼斯拉夫斯基（Konstantin Stanislavski）的影响。实际上，全世界各地的戏剧学院以及表演课程，都在使用由他创立的表演体系。

在康斯坦丁的表演体系中，有一条原则是：充分把握角色的意图。他认为，在一出戏剧中，角色必须要有想要实现的意图，随着剧情展开，观众将见证角色实现意图的过程，以及其间所经历的事件。这种统领全剧的意图在他的体系中被定义为角色的终极目标。

戏剧中有许多景和幕，每一幕中角色都有一个目标，这些目标推动他们朝着终极目标前进。角色之间的互动被称为行动，行动推动了目标的实现和场景的发展。这些行动并非具体的行为，而是角色意图的表达，演员也由此确定自己应该如何表演台词，如表演台词时的声音、体态和情绪，等等。

我深刻感受到，这与工作中的情况极为相似。例如，作为首席执行官，我们的终极目标可能是将公司利润提高若干个百分点。为了实现终极目标，我们便会设定很多阶段目标，与下属们协力达成。每次会议或谈话都会涉及实现阶段目标的行动。这些行动便是我们影响和凝聚下属的方法，同时也在传达着我们的想法与信念，展示着我们的热情与冷静。

我们可以将其看作一项提升个人影响力的策略，但你肯定想不到，罗伯特在出演他获得奥斯卡奖的角色时正是运用了这个技巧。

我们也可以在会议或谈话中采用此方式。虽然它看上去琐碎而复杂，但能为谈话打好基础，确保讲话者头脑清晰、表达流畅，例如：

- 这次会议或谈话的终极目标是什么？在理想的情况下，你想要在公司或项目中实现什么？

- 目标是什么？你希望这次会议或谈话达成什么结果，或者不希望产生什么结果？

- 行动是什么？你需要说什么和如何说才能成功地影响倾听者？

行动一般使用"我 + 动词 + 对方"的主动句结构，要使对方明确地感受到或做出回应，比如，担心、提醒、鼓舞、安抚或团结等。

比如下面的例子：

- 终极目标：降低报价范围、优先考虑畅销产品、精简业务、增加利润。

- 本次谈话目标：消除康纳的顾虑，让艾丽娅同意我们确认的时间线。

- 反向目标：不要为自己辩解。

- 行动（对康纳）：理解、支持和安抚。

- 行动（对艾丽娅）：理解、融入和挑战。

在规划演讲的过程中也可以使用此方法，尤其是准备在采访或宣介会上的讲话时，这样做可以帮助对方更好地倾听我们。

- 终极目标：获得产品升级所需的投资。

- 本次演讲目标：使他们安心就座，并提出疑问。

- 反向目标：不要说话漫无边际、不要使他们觉得无聊、不要过度解释。

- 行动：鼓励、吸引、说服。

我已记不清有多少次，由于演讲者意图不明确，使我只得去询问他们所传递的信息究竟是好是坏。如果我们使用演讲稿，便可以有多种行动，用一张张的幻灯片、一行行的文字去解释每一个行动，使倾听者能够一直跟随我们的情感思路。

在谈话中，我们还要更加关注自己的态度和情绪——我们为谈话营造了什么氛围或基调。

意图和行动

本书中，我将舞台表演与领导者沟通这两个领域进行了对比，并发现了两者的异曲同工之处，从而为良好的沟通提供了一些启示。

本书的第二部分便是以意图的理念为依托，帮助讲话者思考如何做到表达清晰、言简意赅，以及通过了解倾听者的期望和需求，从而帮助倾听者实现良好的倾听。

·ı)))) 倾听者专栏：即兴演员

　　作家、导演、即兴演员戴夫·伯恩（Dave Bourn）将人们之间的交流描述为"沟通之舞"。他认为，我们要像舞蹈演员跳舞时一样，在对话中承担起"跟随"和"引导"的责任。在谈话过程中，50% 的时间用来倾听，另外的 50% 则是基于我们听到的信息进行反馈。

　　戴夫将即兴表演定义为一个创造性过程，表演中的一切元素都发生于当下。即兴表演与其他形式的表演以及脱口秀有所不同，因为它没有进行过任何的筹划和排练，演员们也不知道对方接下来会说什么。要想使演出获得成功，即兴演员必须要将意识高度集中于当下，戴夫将这个过程称为要"停止去思考他人在想什么"。即兴表演还为他带来了一个意外的收获——他通过即兴表演学会了如何克服自己的焦虑情绪，因为他意识到焦虑就是由于意识的高度集中，随时要对他人的行为做出反应。此外，即兴表演的经历让他在谈话中善于把注意力高度集中于当下，做出及时且敏锐的回应，从而能成为一个善于倾听的人。

　　戴夫是一位"慷慨"的即兴演员，他将表演的重点放在使舞台上的其他演员更加出彩。他并不极力表现自己，而是配合并凸显其他演员。他深知，成人之美也是成就自己，这是一种双赢。而这个过程既确保了演员们为观众奉献出精彩的表演，又使得戴夫在全力支持搭档和与观众互动的过程中，分散了自己的注意力，抑制了焦虑和紧张情绪的滋生。

即兴表演这门艺术的核心在于找到倾听和表达之间的平衡，也就是戴夫所说的"沟通之舞"。如果即兴表演演员的倾听是把意识高度集中于他人的状态，那么说话时又会是怎样的呢？

戴夫认为，观众观看即兴表演的乐趣在于观看完全出自当下的、即时的表演，但其实这都源于即兴表演者的专业表演技巧。例如，为情节添加"色彩"。这里所说的色彩并不是真正的颜色，而是用"是谁、是什么、在哪里、为什么、什么时候"等问题，使情景和环境更丰富、更真实、更有表现力。沟通时，讲话者专注于传递信息，很容易忽略倾听者的兴趣，此时便可以添加细节，从而吸引倾听者的注意力。因此，他建议在交谈中关注"色彩"，以使倾听者更加专注。

第二部分

换挡
—— 帮助他人更好地倾听我们

在第二部分中，我们将转换视角，探讨如何帮助他人实现良好倾听，探究讲话内容与倾听者相关联的意义，如何运用自身经历与倾听者产生联系，以及如何使自己拥有易于被倾听的条件。

第四章
转变之义——关联性的意义

本章将探讨关联性的意义，讲话者应重视倾听者的需求与期望，不能只顾自说自话。

- 关联性鸿沟
- 实现关联性的三件利器：
  倾听的理由
  奇妙的隐喻
  讲述倾听者的故事

实现关联性的三件利器

> 我喜欢吃草莓和奶油，但我不知为什么，鱼儿
> 却喜欢吃虫子，因此每当我去钓鱼时，我不会带着我
> 喜欢吃的东西，而是要用鱼儿喜欢的虫子做诱饵。
>
> ——戴尔·卡耐基（Dale Carnegie）[1]

戴尔·卡耐基睿智的话令我会心一笑，人与人之间的期望和需求不尽相同，我对此也深有体会，并非每个人都与我志趣相投。

这称不上什么突破性的思维方式。在职业发展的旅程中，我们都曾有过切身的体会。我们在工作中通过他人的反馈和职业性格测试了解自己的个性偏好，也都认同接纳不同的偏好和风格能创造共赢，这尤其有利于构建多元化和有包容性的团队。

---

[1] 参见戴尔·卡耐基的《人性的弱点》（*How to Win Friends and Influence People*，*1936*）。——作者注

但是在沟通时，这种认同却常常"失灵"。即便我们深知每个人都是迥异的个体，也并不总能让我们在沟通中有意为倾听者找到关联性。[1]

于是更为严重的问题便出现了：如果倾听的内容与自己并无关联，那倾听者便很难全神贯注地倾听，而是会把注意力转移到与自己有关的事情上。

这样便会导致信息遗漏，还有可能为此付出更为沉重的代价。

关联性鸿沟

几年前，我曾与一家由美国企业收购的知名英国品牌合作，这家公司多年来形成了强大的内部凝聚力，公司里有众多兢兢业业工作的老员工，所以，从美国企业的角度来看，这无疑是一次非常成功的投资。

然而出乎意料的是，麻烦也接踵而至。公司突临巨变，其中就涉及业务重组，导致很多员工将要被裁员，离开他们为之耕耘一生的公司。员工们的负面情绪非常强烈，人人自危，不满情绪迅速在公司蔓延开来，许多员工都感觉自己受到排挤，闹得人心惶惶。最糟糕的是，员工内部出现了信任

---

[1] 参见丹·斯珀（Dan Sperber）的《关联性：交际与认知》（第二版）（*Relevance: Communication and Cognition*，1995）。——作者注

危机，曾经和谐的"大家庭"分崩离析，大家互相倾轧，只为了保住自己的"饭碗"。

领导层也意识到了问题的严重性，多次尝试与员工沟通，试图把重要信息渗透下去，但是却收效甚微。怨恨、流言和内斗仍然是那几个月公司风气的主流。公司氛围发生了恶性的转向，不但提升利润的目标没有实现，公司的整体发展也每况愈下。

为什么情况会急转直下呢？问题就出在关联性上。管理层进行的所有沟通都是站在领导者或股东的立场上向员工描绘公司的前景。领导者以为，员工们会认同公司的发展理念，会对公司的长期愿景满怀期待，能够体谅公司精简人员和整合资源的需要，能够理解改革意味着公司股东价值的提高。

于是，管理层内部用冗长的演示文稿频繁地分享，然后将公司的宏伟蓝图向下传达。接收到这些内容的经理，再进一步传达给自己的团队成员。但是，经理们能做的也只是照本宣科，无法为团队成员进行深入解读，更无法回答员工们的诸多疑问，因为他们对此也是一知半解。

而此时员工们真正想了解的是，在如此美好的新蓝图中，自己将会扮演什么角色？自己的职位和职责将会发生什么变化？但是，这个最起码的要求却始终没有得到满足。员工只知道，公司有宏大的发展战略，这次改革能够使公司在未来的二十年间屹立不倒。

那么，真正与员工们有关联的事情是什么呢？他们真正关注的又是什么呢？试想一下，如果换作我们自己，被迫放弃了从事十五年的事业，用自己的牺牲换来的是公司股东价值的提高，让投资者在未来获得一大笔收益，你又会怎么想呢？

这警示我们，在为倾听者寻找关联性的过程中，要注意区分以下两点：

- 人们想要了解什么？
- 人们需要了解什么？

在这个案例中，领导层以为员工想要了解公司的发展情况以及背后的原因。因为这与领导层的关系是最直接的，所以他们就自然而然地认为这些问题会获得公司上下所有人的重视。

而事实上，员工需要了解的是，他们是留下还是离开，以及自己的生活会受到什么影响？人的"需要"是极强的情感驱动力，会让其他事情都黯然失色。如果我们传递的信息与此无关，那他们就一定不会倾听。

正因领导者没有体察员工需要了解什么才造成了后续的局面，让公司弥漫着焦虑和沮丧的氛围，员工之间也充斥着冷漠和排挤，于是再想进行任何沟通都无济于事，员工们甚至都不愿意开始倾听了。还有证据表明，心怀不满的员工会给公司造成经济损失，同时也波及了公司的声誉。

但如果领导者在沟通时把与员工息息相关的需求讲清

楚，那么员工在这场职业生涯变革中的感受就会截然不同，公司的境况也不会如此糟糕。

此时，关联性的鸿沟来自领导者的"错觉"，他们以为自己了解与员工有关的事情是什么，便武断地将其强加给员工，并认为一定能够获得谅解。然而，他们忽视了员工真正的需求，所以无论进行多少次的沟通和分享，都是徒劳无益的。

领导者希望员工专注地倾听自己，首先便应着眼于员工的真正需求，积极地为他们找到关联性。

关联性规则

我们在与任何人进行任何沟通时，都要以关联性作为起点。此时，便需要同理心发挥作用，询问自己：

- 和我的员工有关的事情是什么？
- 我是如何确定关联性的？
- 我曾把什么观念、决定或想法强加给员工了？
- 我从来没有直接听到过谁发言？
- 我怎样找出对员工重要的东西？

我们可能会觉得这加剧了自己本就沉重的工作负担。如果我们对领导者说，"你以为自己知道与员工有关的事情是什么，但是我并不这么认为"，那么这位领导者一定会气急败坏地予以否认。我们知道，员工融入度低的问题在很多公司都是普遍存在的。我们也知道，了解员工真正的感受和需求要费一番功夫，但是我们的时间又非常有限。这本身就成了一种矛盾。

但如果我们转换思维，把寻找关联性所投入的时间，看作一条加快信息传递的捷径，可以让信息立刻产生显著的效果和意义，这难道不值得去做吗？

想出三个对你很重要的人，注意这三个人要在某些方面各有不同，如性别、年龄和文化背景等。

考虑这句话："气候变化与我们每个人休戚相关，因为我们生活在同一颗星球上。"

这句话的意图是激励人们采取行动，但它是一句断言。断言的语气非常坚定，但并不能让每个倾听者都感到与自己有关。因此，我们要对这句话加以调整，使它与这三个人从不同角度产生共鸣。

思考：

1. 你要如何重述这句话，使它与上述三人分别产生关联？

2. 你要关注哪些角度？

3. 你要使用哪些例证？

4. 你要使用哪种语言？

5. 你要如何进行措辞？

关联性工具

要使我们传达的信息与倾听者有关，就要先**询问**他们想要了解什么和需要了解什么。无论是在会议上进行演讲之前、向客户或同事做出展示之前，或是规划会议的议程之前，我们都可以通过询问来实现关联性，进而使对方展现良好的倾听能力。否则，沟通的过程就会落于俗套，倾听也会变得枯燥和艰难。

因此，我们要通过激发倾听者的兴趣来维持他们的关注，以便让他们融入主题中。可以利用以下三个手段：

- 给对方一个倾听的理由；
- 使用与对方经历有关的隐喻；
- 讲述倾听者的故事，以表明你认真倾听过他们的讲话。

给对方一个倾听的理由

激发倾听者兴趣的方法多种多样，其中既包含一些有戏剧效果的，也包含一些相对随意的。下面列举了一些常用方法，你也可以根据自身经验予以补充。但前提是要先回答："他们为什么要倾听我的讲话？"

- 回答他们想知道答案的问题（先去问问他们想了解的问题是什么）；

- 说一句令他们震惊的话；
- 使用幽默的措辞；
- 提问对方，也可以是设问和反问；
- 讲故事；
- 提供与他们有关联的数据；
- 使用媒体——视频、音乐、图片等；
- 使用引语；
- 沉默，持续一段时间，以激发对方的期待感；
- 改变沟通地点的环境——可以大胆一些、发挥创意、令人意想不到；
- 让对方看一个新闻标题；
- 使用道具。

使用与对方经历有关的隐喻

隐喻具备调动情绪的能力——通过形象生动的描述，使我们对情境有更好的理解，激发强烈的归属感和信念，从而增加双方的共同语言，搭建共情的桥梁。

领导者在了解员工的体验时，可以鼓励他们使用隐喻，这或许能够带来意料之外的收获。

维尔·斯托尔（Will Storr）在《编写故事的科学》（*The Science of Storytelling*）一书中指出，我们在说话和写作时，大约每 10~12 秒就会使用一个隐喻，因为隐喻如此频繁地在交流中出现，所以经常被我们重复使用，或是归结为主题。只要隐喻恰如其分、言之有物，便可以推动谈话的进展。如果领导者在公司使用了合适的隐喻，员工通常更容易铭记于心，久而久之还会演变为公司独特的"语言现象"。因此，使用隐喻是吸引倾听者的绝佳方法，也正因为隐喻具有如此强大的力量，我们必须要善加利用它。

隐喻的分类

在遇到困难和危机时，我们经常用战争进行隐喻，使用"入侵"或"战役"这样的字眼来鼓舞士气。在网上随意搜索与新冠疫情相关的评论和报道，就会发现其中充斥着大量与战争相关的明喻、隐喻和类比，以此激发民众强烈的情感反应，鼓舞人们万众一心、战胜疫情。

隐喻的种类和形式繁多，可以从不同的角度帮助他人倾听我们。美国小说家朱迪·布鲁姆（Judy Blume）[1]将隐喻归纳为以下四种：

1. 标准型隐喻。这种隐喻是指简单明确地描述情境，比

---

[1] 参见朱迪·布鲁姆的视频课程《朱迪·布鲁姆教写作》（*Judy Blume Teaches Writing*）。可于网址 www.masterclass.com/classes/judy-blume-teaches-writing 订阅查看。也可于 www.judyblume.com 查看。——作者注

如"她是一本活词典""你的演讲真是重磅炸弹",或"爱不就是蒙着眼睛走路吗?"

2. **隐含型隐喻**。这种隐喻是巧妙地使用语言,帮助人们建立画面感,比如"他对着他们咆哮""他的眼睛闪闪发光",或"抽干官僚主义的沼泽"。

3. **视觉型隐喻**。这种隐喻是利用视觉图像将某一事物比作另一事物,比如,如果你要描述即将来临的困难,可能会选择用高墙或荆棘来象征妨碍发展的事物。

4. **扩展型隐喻**。这种隐喻是在现有隐喻的基础上延伸,以此来对主题进行强调。比如在使用山这个隐喻来象征艰苦努力时,可以进一步扩展到翻越险峻地形,最终抵达顶峰。但此时要注意,不要过度延伸,使用太多意象会让倾听者感到费解。

注意:不能将几种隐喻混用,不要说"跳上公共汽车,像鸟儿一样翱翔,面对着前方的战争,最终到达山顶时,站在了山峰之上!"此时,倾听者一定会感到莫名其妙。

公司里常用的隐喻

在公司里,有一些隐喻频繁出现。人们使用这些隐喻的意图通常是积极的,我也很赞赏这种为谈话增添新意的做法。然而,如果我们反复使用同样的隐喻,便剥去了它原本的表现力和关联性,使人觉得异常乏味,倾听者便会不以为意，而将注意力转移到更有意思的事情上去了。

我听到的频繁使用的隐喻包括：

- **旅程**。这个隐喻使用得太过频繁，反而导致倾听者无法体会"旅程"在特定语境中的内涵。这原本可以成为一次感官叙事的机会，但由于讲话者只传达出"旅程"的浅层含义，便不再进行延伸，也未能添加更多的意象，最终导致倾听者无法进入到隐喻的情境中。

- **登山**。登山是一个引人入胜的情境，但是很难传递出积极的情绪和内涵。曾有过登山经历的人本就不多，而登过山的人也大多将其描述为艰苦的遭遇——登山者陷入寒冷、与世隔绝和缺氧的恶劣环境中，甚至遭受生命危险。这种画面恐怕与我们想让倾听者身临其境的场景截然不同。

- **战争**。使用这个比喻的意图是为了在集体中营造并肩作战的士气，让员工之间就像战友一样，朝着共同的目标奋勇拼搏。但我们不能忽视，战争是很危险的，会造成惨重的伤亡。因此，如果我们只是想使员工更加团结，这便是一个很有风险的隐喻。

- **运动**。我合作过的好几位领导者都经常使用运动方面的隐喻，这是因为他们本就热衷于团队或个人运动，运动精神带给了他们激励和启发。运动是内涵积极的隐喻，但它也排除了很大一部分不喜欢或不从事运动的倾听者。虽然我们对运动充满热情，有着许多精彩的故事有待分享，但假如在我们的隐喻中，倾听者是"在冰冷的淤泥里争球"，那么就先要了解他们是否具备与我们相同的运动知识和热情。

● **组合式隐喻**。把多种隐喻杂糅在一起会让倾听者感到困惑。他们的注意力会因此涣散，从而削弱信息传递的效果。因此，试图用多个隐喻为所有倾听者找到关联性，最终反而会得不偿失。

近些年来，印刷媒体和社交媒体使用的隐喻似乎正在发生变化，整体策略出现了转向，由之前的"推"变成了"拉"——拉进与读者之间的距离，利用同理心来打动人心。

我们还可以使用一些使人们团结的隐喻，比如搭建桥梁、绘制蓝图、塑造未来。还可以使用一些词汇来描述对可持续发展的未来有积极乐观的愿景，例如选择"家园"一词而不是"房屋"，是共同体而不是城市，是培育和支撑，而不是驱使和追赶。这些隐喻更能彰显领导者的道德和价值取向。

作为领导者，使用隐喻应跟紧"潮流"，要善于用隐喻展现对员工的理解和关心，从而激发员工的兴趣和热情。

讲述倾听者的故事

在公司里有许多极有价值的故事，如战略实施、文化塑造、逆境突围或突破现状等精彩事例，它们身上潜藏着丰富的关联性，而我们要做的就是去发掘它们。

然后，我们便可以把故事与需要讲述的主题联系起来，从而为倾听者找到关联性，例如：

- 你要发布什么年终数据吗？讲述这些数据对于你的某位同事或某位客户个人而言有何影响？对他们来说数据反映的情况是变好了还是变糟了？怎样才能解决他们关注的问题？这样数据就会变得更有针对性。

- 你要发布新的公司发展战略吗？这将会影响到公司里每个人的生活，因此可以讲述它的前世今生——是如何萌芽的、如何发展的、如何确立的，以及你要感谢公司里的那些人提供了灵感，促进了它的发展。

- 你要介绍产品的成功经验吗？你可以向倾听者们介绍制造该产品的工人们的工作和生活；还可以直接把工人带进会议室，使每一位倾听者都能与他们交流。

不要以为具有关联性的故事一定是开创性的或戏剧性的。只要我们有一双善于发现的慧眼，在日常经历之中或转瞬即逝之间，都可以找到关联性。讲述这些故事会体现出领导者致力于与公司和员工建立更加紧密的联系。

如何讲述他人的故事

我们要善于讲述他人的故事，而且要讲得精彩和生动，这样便会加强与倾听者的关联性，使他们更易于理解和共情。这需要技巧，也需要信心。如何才能讲好他人的故事呢？可以尝试以下三个方法：

1. 好的故事就像绝美的、连绵起伏的山峦——有许多的山峰和山谷，它们此起彼伏、错落有致，因此才令人神往。当我们发掘与员工有关的故事时，也要找出故事中的高峰和低谷，围绕它们展开叙述。练习这个技巧的方法是：想出一个自己非常了解的人，在他的经历中分别挑选三件"大起大落"的事情，以这些情节为基础来构建故事。当我们熟练运用此法后，便可以利用员工生活中的颠簸浮沉，去讲述一个扣人心弦的故事了。

2. 选择能够建立共鸣的人物。如果故事的主角是"一位顾客"，或者是从事某项工作的员工，比如一位银行柜员、护士或面包师，便无法与倾听者产生共鸣。但是，如果我们为他们起一个名字（不论真假），然后说他是我们的祖父、兄弟、儿子，是与我们有共同价值观的人，或者是经历能够触动我们的人，就能讲出更多引发共鸣的情节，因为人们通常会与能够折射出自己生活样貌的人拉近距离并产生联系。可以在故事中尝试添加下列元素：

- 姓名；
- 人生阶段；
- 家庭情况；

- 说话时的声音特点；

- 外貌特征；

- 生活态度；

- 与你公司的联系。

3. "见微知著" ——善用细节刻画。在故事中挑选一两个地方，对其中的细节进行深入的描绘，以增强故事的代入感，从而拉近与倾听者之间的距离。

- 描述房间和所处环境的细节之处，让倾听者仿佛身临其境；

- 描述衣着的细节；

- 描述某件物品的细节。

最重要的是，要让谈话"流动"起来——要增加互动和反馈，经常向前回顾，关注逻辑勾连，从而保持谈话或演讲与倾听者的关联性。

第五章
转变之难——显露"挣扎"

本章将探讨奋斗故事的激励作用，以脱稿的方式讲出精彩的故事，从而激发倾听者的热情。

- 建立个人故事集
- 如何讲述自己的故事

讲故事的
价值

在讲话时，显露一些"挣扎"有助于对方更好地倾听我们。你是否有过类似的梦境——马上要开始演讲了，但是你没有做任何准备，手足无措地站在同事们面前，他们瞪大双眼等着看你出丑。

我所说的"挣扎"绝非此意。相反，"挣扎"可以体现讲话者的专注，为谈话带来更好的效果，而这恰恰需要讲话者事先准备和演练，同时也需要技巧的加持。

我曾在英国皇家戏剧艺术学院学习过即兴表演，那时我便发现，即兴演员表演时的"挣扎"会使舞台极具"生命力"。演员极力地寻找合适的台词、合适的时机，与舞台上的其他演员互动。此时，观众也会下意识地入迷，如同身临其境般见证这种"挣扎"，观众会觉得这样的表演耳目一新，更加自然和真实。

因此，我们可以借鉴"挣扎"的理念来帮助倾听者，这便需要从以下两个方面出发：

- 不要太过依赖稿件、幻灯片或提词卡，抛开千篇一律的会议议程，我们可以"挣扎"着找到合适的语言和语气去触动倾听者，从而为谈话增添兴味，使之更加具有表现力和感染力。我们将在后面对结构、声音和声音动态等方面进行详细阐释。

- 讲述"奋斗故事"。没有谁的人生是一帆风顺的。我们都会在生活中遇到逆境和挫折，讲述它们会使他人更愿意倾听和了解我们。

我们经常兴致勃勃地倾听他人的奋斗故事，同时将此作为对方信任我们的体现。在我们讲述自己的奋斗故事时，对方也将会了解我们的观念与价值观，从而理解我们的行为和动机。奋斗故事是个人的英雄历程——开始征程、遭遇危机、逆风翻盘、得胜而归，继续向更高的山峰攀登。

奋斗故事中蕴藏着强烈的情感，此时的交谈在痛苦的边缘游走，既沉重又刺激，既出人意表又真实确凿，因而最能激发倾听者的兴趣。

在工作中，有些人愿意向他人敞开心扉，有些人对此则更为保守。因此，在讲述个人故事时，要挑选自己可以接受的事例，使自己在情绪上处于松弛的状态。

注意：讲故事前要做好计划和准备，运用我们下面讨论的技巧将会发挥更好的效果。

如何讲自己的故事

建立个人故事集

在公司里，当我们讲述与他人有关联的事情时，对方一定会给予积极的回应，这将会进一步引发我们的共鸣，使我们回忆起曾发生在自己身上的经历和故事，从而更加深入地展开交流。在这个双向互动的过程中，我们认真倾听了对方的讲话，对方也会用认真倾听来"答谢"我们。

做好准备是讲好故事的关键。你可以准备一个专用的笔记本，随时记下自己迸发的灵感。（写下来通常能够加深记忆，毕竟"好记性不如烂笔头"。）

下面的分类方法是受到安奈特·西蒙斯（Annette Simmon）的《说故事的力量》（*The Story Factor: Inspiration, Influence and Persuasion through the Art of Storytelling*）一书的启发。我们可以以此将个人故事归纳到不同类别，在需要的时候即可信手拈来。

● **你是谁?** 倾听者想要知道与他们坐在一起的这个人是

谁，包括你的身份、背景信息，以及思想动机等。

- **你取得过哪些成就？** 倾听者想要了解自己为什么可以信任你。你如何证明在你的领导下他们的工作将会稳定？你是凭借什么过人之处得到这个位置的？你怎样证明自己的工作能力？

- **你的工作动力是什么？** 倾听者想要了解你的价值观，这既涉及业务层面，也包含你的领导理念。

- **你的工作目标是什么？** 倾听者想要了解你将如何带领他们前进，比如你的目标、愿景或使命。

- **你是如何关心他人的？** 倾听者想要了解你在生活中理解他人、发挥同理心的事例。

- **你身处逆境时如何振作起来？** 人生不如意之事十有八九，倾听者想要了解你是如何战胜挫折、走出逆境的，以及你从中获得了哪些经验和教训。

有助于建立起故事的情节

在《七种基本情节：我们为什么讲故事》（*The Seven Basic Plots: Why We Tell Stories*）一书中，作者克里斯托弗·布克（Christopher Booker）提出了受荣格原型理论影响的各类故事模式，我从中挑选了四种适合奋斗故事的模式，利用它们可以讲出振奋人心的精彩故事。

1. **白手起家**。这类经典"灰姑娘"型故事非常励志，通常用于鼓励倾听者相信机遇，或是觉察到目前已取得的进展。你有没有从零开始，经过不懈努力，最终实现奋斗目标的经历呢？讲述此类故事可以让倾听者备受鼓舞，并决心做出改变。

2. **斩妖除魔**。任何詹姆斯·邦德（James Bond）的粉丝都会说，没有比遭遇威胁、最终战胜威胁更加扣人心弦的故事了。这些惊险刺激的情节能够给倾听者造成情感冲击，屏息凝神地倾听主人公是如何应对危机和挑战的。你是否也曾感到恐惧？你是否经历过自我怀疑？你是否因为担心而辗转难眠？向倾听者讲述这些经历，让他们知道你是一位大风大浪磨砺出的、坚强且有毅力的领导者，倾听者便会相信在你的带领下，他们的工作前景将会非常光明。

3. **探寻和冒险**。多年来，好莱坞一直热衷于把冒险类故事改编成大片，想一想《霍比特人》（*The Hobbit*）和《夺宝奇兵》（*Raiders of the Lost Ark*）便知道了。在此类故事中，主角和同伴为了某一件重要的东西踏上征程，一路上披荆斩棘，突破重重障碍和难关，最终获得成功。在讲故事时，我们也可以先阐明故事的结局，从而实现与倾听者的关联性。这样故事便会充满困难与奋斗的意味，你们共同经历起起伏伏，在旅程中彼此扶持，使倾听者也成为故事中的一员，推动故事的发展。

4. 重生。 我很喜欢《土拨鼠之日》（*Groundhog Day*）这部电影。故事中，主人公一次又一次地重复过同一天，直到他最终成了一个更好的人。这是经典的重生类情节。那换作我们自己呢？你有没有重复犯相同的错误；有没有反复使用同一种方法处理问题，但情况始终没有得到改善，后来才发现只要换一种方法问题就解决了？在此类故事中，某个重大的事件迫使主角做出改变，而这通常会让他们变得更好。这样的情节可以激发倾听者做出改变，同时我们分享的个人经历也会为倾听者树立信心，使他们相信你有能力带领他们渡过难关。

如何讲述自己的故事

讲述奋斗故事可以使我们在倾听者中快速建立信任。倾听者听到我们身上能与他们产生共鸣的精彩故事后，便能意识到我们是理解他们的，是与他们的经历相通的，是在意他们、愿意向他们敞开心扉的。这种"慷慨"的行为本身就可以使信息与倾听者具备关联性，因而更易于倾听。

讲述奋斗故事的一大优势便是："钥匙"牢牢地握在自己手中，我们可以把门开得大一点，也可以开得小一点，决定权都在自己。然而无论门开得多大，下面的三条建议都能为我们提供一些助益。

先讲出故事的最后一句

采用"倒叙"的手法：先讲出故事的最后一句话，然后再从事件开头讲起，最终回到该句。注意不要解释它，也不要讲得超过它，要使整个故事形成一个闭环。

调动感官

感官描述是讲故事的"杀手锏"。此时，倾听者会在脑海中搜寻能与所听到内容产生联系的记忆，比如：

我的中学校长是一个身材矮小的女人，她有一头干净干练的银色短发，常穿着一件学院袍，在冷清的走廊里踱来踱去。她的声音像萨克斯的高音一样，既尖锐又有穿透力，能够呵斥住我们喋喋不休的低语。她身上有薄荷糖的味道。与她握手的感觉很特别，她的手暖暖的，肉乎乎的，只在我的手上停了一下就缩回去了，没有牵住我的手。

这是我对我的中学女校长的描述。在描述的过程中，我可以在脑海中清晰地看到她的形象，而你在阅读时，也会有一个形象产生，但是我们勾勒出的形象一定是不同的，我们想到的形象都受到自己经历的制约。不过这也没有关系，因为在描述与倾听互动中我们已经成功建立了联系，实现了共情。在我们分别回忆各自中学时期的那刻起，我们似乎"站在"了相同的位置。

人们习惯于依赖视觉展开叙事，但调动其他感官可以使情节更为丰富，所描述的场景也会愈加丰满，故事整体也更富于表现力。五个感官分别是：视觉、听觉、嗅觉、触觉和味觉。

我们可以独自进行这个练习，也可以在引导师的帮助下与团队共同练习。练习过程中，可以让大脑自由畅想，也可以先写下想到的内容，并在一段时间后重新审视。无论采用哪种方法，都不要操之过急，要让我们的感官充分展开，直至构建出完整的情境。

选定一个日期——比如，在五年后的某一天。

想象你正与一位潜在客户或新客户走进你的公司。

- 你看到了什么景象？描述画面的细节：建筑物在什么位置？属于哪种类型的办公空间？面积有多大？布局是怎样的？有多少员工？员工在做什么？你看到了什么颜色？照明怎么样？采光怎么样？天花板有多高？你还看到了什么？

- 你听到了什么声音？是音乐声、人们的交谈声、电子设备的声响、一片寂静，还有其他声音吗？

- 你闻到了什么味道？是咖啡味、新鲜空气，还是香薰精油的味道？有什么独特的味道？还有什么其他味道？

- 你有什么感觉？内心平静还是精力充沛？你是站着还是坐着？感觉到温馨和舒适了吗？注意到其他感觉了吗？

- 你可以做些什么？可以在这里开会吗？可以在这里吃饭吗？可以在墙上写字画画吗？可以与虚拟形象互动吗？可以 4D 打印吗？还可以做些什么？

在此练习中要充分发挥想象力，感官画面越丰富，就越能使倾听者产生浓厚兴趣，继而畅想自己在公司的未来。

故事的寓意

无论我们采取哪种方法讲故事，为了与倾听者产生共鸣进而做出行动，都需要一个关键因素——故事的主旨，或者说是故事的寓意。

故事之所以讲得成功且易于倾听，是因为它保持着一种平衡。故事既要服务于讲话者的意图，又要让倾听者能有所收获。寓意便是我们通过讲故事灌输给倾听者的一些理念，使他们在内心中有所触动，从而外化于行动。

然而很多时候，因为我们把故事讲得冗长含糊、结构不清，甚至最终不能自圆其说，导致故事的寓意势必就会失效。

因此，在讲故事之前，要先确立故事的方向和主旨，从而保证逻辑自洽，使故事发展合乎情理。

直接阐明故事的主旨对故事的效果也很有帮助。我们可以尝试以下话术：

- 这个故事的寓意是……
- 我之所以要讲这个故事，是为了说明……
- 这个故事给我们的启示是……
- 因此我希望你能从中收获的是……

TED 演讲自推出至今，这些时长十八分钟左右的演讲甚至改变了沟通的规则，数以百万计的各国网民都由此获得了学习的机会。TED 演讲便是以讲故事为主要手段，从而激发倾听者的兴趣，这些来自世界各地的演讲者都不会仅去读幻灯片上的数据或文字，因为他们都是讲故事的人。

TED 演讲成功地使演讲内容与倾听者形成了关联，演讲中充满了"挣扎"的意味，所有的故事都由感官驱动，遵循清晰的结构，并且经过精心规划和排演。TED 演讲者了解如何使自己讲述的主题更容易被倾听和接纳，演讲的最后也都有可以激发行动的主旨，即故事的寓意。

如果我们也能以同样的方式讲故事，那么倾听者便能在故事展开的过程中，兴致勃勃地听到故事的终点，并且理解故事的寓意，进而采取相应的行动。

·ıı)) 倾听者专栏：新闻记者

新闻记者艾玛·埃尔吉（Emma Elgee）深知，要想让自己的新闻故事更加"吸睛"，就要使故事与读者具有关联性。她认为，最直接的方法是为新闻故事增添"人情味儿"，因为我们喜欢与人有关的故事，想要了解他人的观点。

她指出，作为一名新闻记者，要善于把故事与读者联系到一起。在讲述故事时，不论文笔好坏，首先要做的是保证文字的可读性。这并不是说要让语言和内容变得过于简单，而是必须要让文字"接触"到所有读者。换句话说，任何一位读者在阅读的过程中，需要理解新闻的内容，然后他们才会继续读下去。使用过多的行业术语、生僻词汇或复杂表达不仅会使读者厌烦，还浪费了一次信息传递的机会。

为了吸引读者的关注，要先给新闻起一个好标题。起标题本身就是新闻写作的技巧之一。一些全国性的小报一直以标题耸人听闻著称，但是艾玛建议不要这么做，她喜欢让故事从一个清晰明确的标题展开，不要故弄玄虚，给人一种华而不实的感觉。她说，可以引用与故事有关的人或者故事里人物的话作为标题，这样新闻记者便自然而然地捕捉到了故事的亮点，可以由此展开

"人情味儿"十足的叙事了。

新闻记者通常依靠问题来构建故事，比如是谁、是什么、为什么、在什么时候、在什么地方，等等。而"那又怎样"这个问题最有助于建立新闻的意义，问自己"那又怎样？与他们有什么关系呢？"新闻记者就会立刻将自己与读者联结到一起，并且能够从读者的角度寻找新闻故事的关联性。

艾玛还建议不要铺展过于宏观的背景，这样会使很多细节失去关联性，而且她还尽可能地使用单句，并着眼于信息的简洁性。

最后，她还说到要具备转换"焦点"的能力——把故事切换到一个全新的视角。因此，在完成新闻的过程中，记者必须要保持倾听，因为不知道故事会朝着什么方向发展，要随时准备改变自己的思考方式。同时要保证专注，以免造成重要信息的遗漏。

她为讲话者提出了以下建议：

- 把所有要传达的信息浓缩为一条主旨。问自己"为什么会有人关心这个？他们为什么需要或者想要了解这个？"

- 直接讲出主旨——这样便能立刻将信息与倾听者联系起来。

第六章
转变之得——帮助他人倾听的技巧

本章将着眼于沟通技巧的价值，探讨如何做好沟通结构规划，使用声音传递感情，以及创建良好的沟通环境。

- **结构规划。** 无论准备时间多么紧张，结构规划都是势在必行的，清晰的结构将确保信息传递的成功。在这一部分中，我们将分别从演讲和谈话两种情境出发，从而最大限度地发挥结构规划对倾听者的价值。

- **"音乐"——声音的使用。** 讲话者的声音会吸引倾听者，也会推开倾听者。我们将在此探讨声音对倾听者的意义，以及改善声音的方法。

- **"编舞"——沟通环境。** 我们对于沟通环境的关注还远远不够，好的倾听环境可以使倾听者更为专注。在此部分中，我们将探讨建立良好沟通环境的方法。

实现转变需要结构
——演讲和谈话的结构规划

谈到良好的沟通，我经常听到的一个说法便是"毫不费力"。

词典上对"毫不费力"的定义是"不需要任何身心上的努力"和"以轻松的姿态完成任务"。[1] 这听起来很棒！在探索如何帮助他人倾听我们讲话的过程中，这似乎是一个关键。

在喜剧表演中，演员足足两个小时在台上谈笑风生、妙语连珠，诙谐地述说着他对社会现象的见解；在访谈节目中，主持人言语犀利、直击要害，不断"拷问"受访嘉宾的生活私密；在励志演讲中，演说家声情并茂地讲述自己的奋斗故事，在舞台上神采奕奕、挥洒自如。这些潇洒的讲话者并不依赖稿件，也表现得如此游刃有余，显得毫不费力。

然而，在生活中许多看似简单的事情，背后却是另外一

---

[1] 此处"毫不费力"一词作者使用的是"effortless"，此处定义为作者引用自英文词典，译者将其直译为中文。——译者注

个故事。沟通也不例外，它当然不是真的毫不费力。

首先，讲话前便要对结构进行规划。我们在准备阶段越注重结构，在实际沟通时倾听者就能理解得越清晰。结构规划可以维持倾听者的专注，也使讲话者的状态更为松弛，原因是：

（1）我们明确讲话内容，而且确定自己能够说清楚。

（2）我们的语言会更为简洁，讲话节奏更加适当，从而使倾听者更容易听清和理解。

（3）我们的状态会更加从容。这样会赢得倾听者的信任，使他们更愿意倾听。

（4）我们明确讲话目标。这样会使演讲或谈话过程具有方向性和目的性。

在此必须强调：使用结构并非要使谈话变得死板，更不能完全按照提前撰写的稿子去读，那便与长篇大论或含糊其词的讲话别无二致了，只会让人们心生厌烦。我们利用结构的目的是要使自己的表达更加简明和清晰。

下面，我们将分别从演讲和谈话两个关键情境出发，分别探讨讲话者如何使用结构来帮助倾听者。

演讲

无论是面对面或是线上，演讲都是工作中至关重要的环节。自从罗伯特·加斯金斯（Robert Gaskins）和丹尼斯·奥斯汀（Denis Austin）开发了幻灯片（PPT，PowerPoint）演示文稿程序后，使用幻灯片进行演讲在公司里已然司空见惯了。今天，我们仍然在追求如何使这一媒介发挥出最佳效果。当年，在幻灯片演示文稿程序发布后的第三个月，它便被微软公司光速收购了，因为它提供的视觉辅助在当时是一项突破性创新，能够有效帮助人们理解和记忆信息。而如今它已家喻户晓，2017 年对麻省理工学院工商管理硕士生的一项调查显示：85% 的学生认为使用幻灯片进行演讲是他们未来工作中的一项关键技能。❶

但是，使用幻灯片就一定能够保证倾听效果吗？答案是并不一定。因为这很大程度上要取决于我们是如何规划演讲和幻灯片的结构及内容的。

这种情况你熟悉吗？

请问你是依照下面的步骤准备演讲的吗？

（1）先确定好演讲内容。

---

❶ 参见凯拉·巴斯金（Kara Baskin）《千禧一代令人惊讶的三种交流方式》（*3 Surprising Ways Millennials Communicate*），文章发表于 2017 年 10 月 2 日。——作者注

（2）根据一个模板来制作多张幻灯片。

（3）添加演讲内容，从而避免在演讲时有所疏漏。

（4）向其他同事或经验丰富的项目人员征求意见。

（5）将他们补充的信息添加进去。

（6）添加图片。

（7）添加注释，比如资料来源或解释性信息等。

（8）在最后一张幻灯片写上"欢迎提问"。

如果是重要的演讲，你还会请专业人士对幻灯片进行设计和美化，把幻灯片完整地向他们演示一遍，检查是否需要对文字进行调整。然后，你会不厌其烦地修改和排练，直至演讲日期之前一天，还要再进行一次实地模拟。你会发现自己很难完全记住这些繁杂的信息，于是又会在幻灯片上添加一些要点句进行提示，还会在提词卡上做一些笔记。此时，你已经极其忐忑了，甚至开始后悔自己当初一时冲动同意做这次演讲。

但如果是线上演讲，便不存在上述问题，我们可以按照写就的稿件读，也不再有提前演练的必要了，一般情况下直接念稿就至少可以达到差强人意的效果。

但是，我们在做所有上述准备工作时，有没有为倾听者考虑过呢？

倾听者期望从我们的演讲中获得灵感和激情、获得情绪的迸发，以至于可以激动地说出："我知道该怎么做了！我也很愿意去做！"

演讲当天，你已经心力交瘁了，一心希望能够赶紧讲完。紧张导致你的大脑经常一片空白，所以保险起见，你选择直接读出幻灯片上的文字，只在能力所及的地方拓展几句。终于，你完成了，顿时如释重负，但也由于太过紧张，甚至不记得自己都说了什么。你超时了十分钟，不过没有关系，因为总算熬过来了！

是的，你总算熬过来了。

但是倾听者却并没有。他们早已不再倾听了，就在他们发现你只是照着幻灯片上的文字读时；就在他们察觉到你会超时并占用他们的茶歇时；就在他们不明就里中发现你的演讲并没有明确的方向时。

可能你并不是这样的演讲者，但这却是很多公司的真实写照。这样的演讲绝称不上是毫不费力，而是完全把力气使错了方向，这样的努力不会让演讲达到预期的效果，而且不会为倾听者带来任何帮助。

良好结构的开端

为了使传递的信息更易于倾听，我们需要明确自己的讲话内容，以及想让倾听者理解和记住的内容。

在准备任何演讲之前，我们可以先使用一个由几个词语构成的句子对演讲内容进行整体性概括。规则是：

- 必须是一个句子，而非胡乱将七个词语拼凑到一起；
- 介词和冠词包含在七个词语之中；
- 避免使用术语，要使用最清晰易懂的语言。

用一个提纲挈领的句子对演讲的整体信息予以概括。这样将帮助我们更好地把握演讲的核心，它也是构建良好结构的开端。

在将此应用到工作之前，先进行下面的练习。由此我们便会发现，每个故事、每次信息传递，都要有一个核心，围绕它便可以展开叙述。

基础练习

随意想出一部你喜欢的电影。用一个由几个词语构成的句子来概括它，规则是：

- 关注电影的故事情节；
- 避免使用电影名称、经典台词、演员和角色的姓名；
- 避免使用"一部关于……的电影"这个句式。

概括的方法有很多种，以下三个例子仅供参考：

1. 含冤的银行家从下水道越狱。（Wrongly convicted banker escapes jail through sewers.）

2. 鲨鱼杀死岸上的人后被捕杀。（Shark kills beachgoers, is hunted and shot.）

3. 继女逃离恶毒继母嫁给王子。（Wicked stepmother loses stepdaughter to dancing prince.）

你可能已经猜到了它们分别是《肖申克的救赎》《大白鲨》和《灰姑娘》。

进阶练习

首先观看 TED 演讲——丹尼尔·平克（Daniel Pink）的《出人意料的工作动机》（*The Puzzle of Motivation*），然后用一个由几个词语组成的句子来概括它。

遵循同样的规则：

- 关注平克讲述的信息；
- 避免使用演讲的标题；
- 避免使用"一个关于……的演讲"这个句式。

补充练习：想出你近期进行的三次演讲（不考虑演讲规模和观众数量），用相同的方式来概括它们。

在确定了演讲的核心后，我们便可以在此基础上，利用下面的结构来构建和展开了。

结构范例

我在此使用的结构是基于亚里士多德经典的三种说服方式[1]，它们对信息平衡传递的认知得到广泛认可，尤其适用于演讲，能够帮助人们更有效地倾听。

1. 诉诸论证理性。这是针对倾听者的逻辑和理性。在演讲中，它意味着要有技巧地构建论点，并提供论据。

2. 诉诸修辞者人格。这是指显示讲话者的背景信息和性格特点。我将其描述为向倾听者展示讲话者真实的品质、专业知识，以及让对方信服讲话者的理由。

3. 诉诸受众的情感。这是指情感因素，是讲话者影响倾听者情绪的能力。如果我们能够表露真实情感，对方也更可

---

[1] 古希腊哲学家、科学家、教育家、思想家亚里士多德在《修辞学》中提出说服人的三种基本方式：诉诸论证理性／逻辑说服（logos）、诉诸修辞者人格／人格说服（ethos）、诉诸受众的情感／情感说服（pathos）。——译者注

能会与我们共情——这便是个人魅力的基础。

诉诸论证理性是规划演讲结构的经典方式。多年来，我一直热衷于此方式。必要时，我可以借助它在几秒钟的时间里准备好一个简单的演讲。

结构

```
              倾听的原因
              设定预期
    主题 1     主题 2     主题 3
              结论
```

该结构的适用范围很广，在以下演讲的规划阶段通常能起到很好的效果：

- 全天的会议或培训课程；
- 任何长度的演讲；
- 对某一问题的结构性回答。

下面，我们将对该结构展开讨论。

倾听的原因

倾听的原因是与倾听者形成关联性的前提，因此我们必须对此深思熟虑，但也要尽量避免将其作为演讲的标题，因为这样做通常不足以降低倾听的难度。标题不必拘泥于此，在不偏题的基础上，我们可以标新立异，使思维更开放、更大胆、更有创造力，从而为听众带来情绪上的刺激。

设定预期

简单来说，就是告知倾听者我们将要讲哪些内容，但此处时间不宜过长，否则倾听者会迷失在冗长的议程中，从一开始便失去兴趣。因此，仅用三言两语阐明演讲或会议的目标、预计时长，以及倾听者的收获和感受，然后即可进入演讲的主题。

三大主题

在探究如何帮助倾听者的过程中，我发现最关键的环节不在于我们讲了什么，而在于我们有意省略了什么。我们总是期望为倾听者提供尽可能全面的信息，这反而使演讲效果大打折扣。因此，我建议在每次演讲或谈话中，只选择三个亟待关注的主题，让倾听者聚焦于最关键的信息。

提示：在确定了演讲内容后，尝试仅凭头脑去回忆，而不看撰写的稿件。此时我们无法回忆起来的地方，便是没有融入此次演讲的信息；如果我们自己都记不住，倾听者自然更不会记在心里。这样做能够帮助我们剔除不适合当次演讲的信息。

在演讲的时候要自我约束，使演讲内容始终保持在既定的主题上，避免"东拉西扯"。

结论

在演讲或会议的最后，避免使用"还有什么问题吗"作为结尾。这类话毫无意义，无法使主题得到深化，也无法使倾听者意识到自己需要采取行动或进行思考。

询问自己——我想要的是倾听者的行动还是思考？可能，两者兼有。我们在规划演讲之初就应该用该问题来确定意图，为讲话者的信息传递提供"方向"，同时使倾听者能够掌握最关键的信息。

其他结构

上述结构并非成功演讲的唯一选择。除此之外，我们还有很多选择，大量的资料都对这些结构进行了详细介绍。我之所以推荐上述结构，是因为它具有普适性和较强的灵活度，同时也因为它是许多故事、戏剧和电影剧本结构的基础——这都得益于亚里士多德的权威和影响力。

我们最要做的是加强对结构重要性的认识，然后利用结构帮助他人实现良好倾听。只要对方能够专注地倾听我们的演讲，不必介意采取了哪种结构。

规划谈话的结构

每次交谈都有所不同

本书中大量篇幅都在呼吁人们在交谈中要更加重视倾听，但交谈本质上是两个人的对话，因此我们也要善于把握谈话的氛围和心理，在保证双方都认真倾听的情况下，更好地传递观点和信息。

正如南希·克莱恩（Nancy Kline）所说，我们注意力的集中程度决定了对方思考的程度[1]。

谈话是一种对等的交流：我们在表达自己想要说的话的同时，也要保证对方可以表达他们想要说的话。

在领导者的工作中，谈话通常是针对一些挑战，比如为实现愿景、接纳新的价值观或解决增长过慢等开展谈话。同时谈话也不乏针对一些难以解决的问题，比如员工管理、增

---

[1] 参见南希·克莱恩的《思考的时间：倾听点燃人心》（*Time to Thinking: Listening to Ignite the Human Mind*，*2012*）。——作者注

加工作量、改组甚至是裁员，等等。这些交谈对于领导者而言只会造成暂时的困难，但对于员工便可能是刻骨铭心的重大时刻。因此，我们必须确保这些谈话的成功，以免给倾听者留下不好的回忆。

应有之义

第一，必须将核心信息传递给倾听者。

第二，必须保证倾听者理解了核心信息。方法当然不是像复读机一样一遍遍地重复，而是要在讲话时要表达清楚。假如他们无法理解，这便是我们的责任，不能归咎于倾听者。这样的心态将督促我们找到有效的方式去帮助倾听者理解核心信息。

因此，在确定如何规划交谈的结构之前，要先问自己三个问题：

（1）我希望发生什么？

（2）我不希望发生什么？

（3）我希望他们获得什么感受？

如何使倾听者接受要求

我们可以采取两种方式规划此类信息的结构，这取决于信息的特点和传递对象。

方法一：直接说出观点，然后从情感角度分析原因。此方法可以使倾听者清晰地了解我们的要求，同时使他们感觉受到了重视。

- 直接说出要求；
- 从情感上进行解释。

方法二：可以使用表 6-1 的模式来建立语境，使要求更易于被倾听者理解和接受。

表 6-1　使倾听者接受要求的语境模式

我喜欢……	对于他人的努力、品质和意图等表示赞赏，从而在谈话开始时营造出轻松的氛围，使对方有安全感，并且愿意倾听。此时可以提供一些细节，但要确保这些信息真实且具体。
我不喜欢……	提出问题，但仅有一次机会。避免说出许多对倾听者不满意的地方，否则便会失去倾听者，因为他们会感觉受到了冒犯。要说得简洁且明确。
我感觉……	避免责备对方，只说对自己的影响。 例如，不要说"我感觉你让我非常为难"，而要说"我感觉非常为难"。
我想要……	用一句话坚定地说出要求。
如果你做……	说明积极影响——说明实施行动或改变会产生的好处（包括对对方的好处）。
如果你不做……	说明消极影响——说明不实施行动或改变会产生的后果（包括对对方的后果）。

如何使倾听者听懂拒绝

我们此前已经探讨过同理心的重要性。如果我们由此培养了同理心，或天生就是同理心很强的人，便会觉得很难拒绝他人。如果我们拒绝得不够明确，对方就会不以为意，或是产生误解。如果说"不"对你而言轻而易举，则需要反思自己平时拒绝他人的方式或许又过于直接了，容易冒犯到他人，这当然不是我们的本意。

可以尝试表 6-2 的步骤，这样可以更好地拒绝他人。

表 6-2　使倾听者听懂拒绝的步骤

认可对方的情感	要让对方对结果有心理准备。可以说"我知道你可能听到后会有些不舒服""我已经考虑了很久了，但是……"，或"你听到后可能会有些失望……"
说"不"	"没办法，我只能说不""很抱歉，还是不能……"
解释拒绝的原因	此时只说一条原因即可，过度解释会使信息失去效力，还会使对方感到困惑。
提供进一步方案	根据具体情况，可以为对方提出替代性的建议，或提供其他支持，从而尽可能化解对方遭到拒绝后的失望情绪。

结构的"规则"

使用结构的意义在于增强表达的流畅性，使我们不必担忧下面该说些什么，该举什么例子，或是该如何推动谈话的进行，从而心无旁骛地投入谈话中。

在初次使用结构时，可能会产生僵硬和死板的感觉，此时不必焦虑，应多在实践中检验，逐渐摸索出适合自己的表达风格。

责无旁贷

我曾接触过许多公司的领导者，他们经常因为会议上员工的冷漠表现而苦恼。他们认为，员工的积极性很低，没有认真倾听，也没能受到触动，还时常对他们的指令表现出抵触。他们对员工无动于衷和事不关己的态度失望至极，把所有责任都归咎到员工身上。

而事实上，问题出在了他们自身。领导者应该是出色的沟通者，将重点信息清晰地传递下去，使员工获得灵感和动力。如果员工无动于衷，这便是领导者的失职。

出现这样的问题时，领导者应先问问自己："我哪方面做得不够好呢？"然后再询问员工的意见，他们希望沟通过程进行哪些改善，以及希望领导者如何帮助他们在日后的交流中更好地倾听。尽管得到的反馈可能使我们不悦，但这样做势必会改善现状，使我们向着善于沟通的目标迈进一大步。

·ıllı) 倾听者专栏：政治演讲稿撰写人

高级顾问乔治·利（George Leigh）是一位政治演讲稿撰写人，他工作中的难点在于演讲稿必须表达明确且有说服力，能够传达出紧迫感，并推动变革。

他告诉我，在他的领域里，有一个共识——"犬展演讲"。无论是政客、明星还是当地某家大公司的领导，如果他们要给一场犬展做裁判，并在宣布获胜者之前发表演讲，那么此时演讲内容是有很大的局限性的。因为观众是来看犬展的，因此只能讲与狗相关的事。

有时，演讲的意图是批评，但人们并不想听这些。乔治说，必须要想办法赢得人们的支持，不能攻击他们，否则人们将不再倾听。要使演讲进行下去，并且达到预期目标，这并非易事。

任何演讲都必须要有一个重点。托尼·布莱尔（Tony Blair）的演讲稿撰写人菲利普·柯林斯（Phillip Collins）曾说，演讲的重点必须清晰简明，用一张便利贴便能够概括。

乔治把倾听描述为对讲话者的"纵容"。倾听者对讲话者付出时间，如果讲话者不能简明扼要地传递有效信息，便会浪费倾听者的时间，是极不尊重倾听者的表现。

因此，他会从标题开始，考虑演讲的受众人群，然后再思考演讲内容和方式。有些人的演讲就是在硬凑时间，而他要做的是提炼精华、紧凑节奏，他认为十分钟左右的时间是最合适的。

他经常说，我们必须要对词语的理解足够深刻。比如，"目标""目的"和"志向"三个词有何不同？大家对此莫衷一是。最重要的是，用词一定要符合实际讲话人的风格和语言习惯，否则便会显得突兀。为此，撰稿前他会进行关于演讲者背景与讲话风格的调查，以了解他们的说话特点。

乔治经常使用设问和反问的修辞，但也会刻意避免浮夸。他认为，演讲中的声音就如同"乐曲"，而撰稿就是写下"音符"的过程，不论是抑扬顿挫，还是从平稳逐渐达到高潮等，都要通过文字表现出来。如果演讲者能够充分理解稿件，即使此人并不善于演讲，也会有不俗的表现。

"音乐"——声音与声音动态

我最初对公司领导者开展沟通能力和领导力培训要追溯到 2000 年。当时我阅读了很多书籍和文章来寻找灵感，却意外地发现，它们几乎都引用了同一项研究。

20 世纪 60 年代末，美国心理学家艾伯特·梅拉比安（Albert Mehrabian）教授发表了一篇关于非语言交流的论文[1]。实验中，一位女士说出九个词，说每个词时都配以不同的肢体动作和音调，研究参与者根据他们看到和听到的内容做出回应，梅拉比安教授则关注他们做出判断时的依据。研究发现，当说出的词与音调或肢体动作不协调时，参与者更多依赖非语言信息进行解读。研究最终得出了一组清晰具体的数据——55% 的人依赖肢体语言信息，38% 的人依赖声音信息，7% 的人依赖语言信息。

---

[1] 艾伯特·梅拉比安的《无声的信息：情感与态度的隐性交流》（*Silent Messages: Implicit Communication of Emotions and Attitudes*，1972）。——作者注

正是因为这个数据太确切了，给人们留下了非常深刻的印象，于是它便成了人们衡量自己信息传递效果的首要参考。现在我们在网上搜索沟通能力，或是查阅相关的书籍、资料和文章时也经常会遇到这些数据。表达技巧培训以及领导力培训中也仍然将其奉为准则，鼓励学员注重沟通中的非语言因素。然而，这并非梅拉比安教授的本意，我们更不能以偏概全地认为，他的研究证明了我们不需要关注语言信息的作用。

我们曾在前文中讨论过，讲话的内容和结构，本身便具备使倾听者理解和记忆信息的潜力。

你可能听说过玛格丽特·撒切尔夫人（Margaret Thatcher）改变声调的故事。撒切尔夫人曾接受过集中训练，以降低自己的声调，使声音更加低沉浑厚。因为撒切尔夫人意识到，低沉、男性化的声调更具有权威性，而这种情况至今仍然没有改变。人和动物一样，都认为低沉的音调赋予讲话者更高的地位❶。这其实是一个非常有意思的效应，尤其是对于想要

---

❶ 参见黛博拉·塔纳（Deborah Tannen）的《听懂另一半：从沟通差异到弦外之音》（*You Just Don't Understand: Woman and Men in Conversation*，1992）。
——作者注

吸引倾听者注意的女性领导来说很有参考价值[1]。

比如：

- 在社交场合，有婴儿或小孩子在场时，不论男性和女性都会使声调更柔和。这是一种无意识的行为，此时他们卸下了权威，表现出友好和亲切。

- 不论男女，声调低的人都比声调高的人使人觉得能力更强。

- 女性声调高会让人觉得更有魅力，但同样也会被认为能力欠缺。

- 不论男女，声调跨度大都会增强吸引力，但是权威感会有所降低。

这些信息很有趣，但更重要的是，倾听者绝不喜欢不真诚的声音。如果我们为了表现权威，太刻意地压低嗓音，对方就会觉得我们在装腔作势，立刻产生反感。撒切尔夫人如果现在再去塑造声音的权威性，可能就需要另辟蹊径了。

人们更喜欢不"极端"的声音，所以对我们来说，正常的声音才是真实的、值得信任的。我们可以采取一些手段

---

[1] 凯西·克罗夫斯塔德（Casey Klofstad）、丹迪·安德森（Dindy Anderson）、苏珊·彼得斯（Susan Peters）《听起来像个赢家：声调影响着人们对男性和女性领导能力的认知》（*Sounds like a Winner: Voice Pitch Influences Perception of Leadership Capacity in both Men and Women*），文章发表于《英国皇家学会论文集 B：生物科学》（*Proceedings of the Royal Society B: Biological Science*），发表于 2012 年 3 月 14 日。——作者注

吸引倾听者的关注，但不能做过了头，反而让自己显得不够诚恳。

声音的关键因素

停顿和沉默

在第三章中，我们曾讨论过沉默的价值，沉默可以使对方深入思考，鼓励他们表达更多的想法。而沉默对于讲话者也颇有价值，它就像是音乐里的空拍、文章里的标点，可以让倾听者获得更多思考的空间，充分理解听到的信息。人们在讲话时停顿需要一定勇气，但它却能迸发出神奇的力量。

著名的剧作家哈罗德·品特（Harold Pinter）非常善于在戏剧中使用停顿，他经常使用三种类型的停顿：

1. 省略号。在文本中的形式是六个并排的小点。它代表犹豫，但可能是微乎其微的短暂犹豫。

2. 停顿。人物陷入深思。观众不知道接下来会发生什么，停顿可以营造出紧张的气氛，起到引人入胜的作用。

3. 沉默。戛然而止。戏剧人物遇到了非常荒诞的情况，使他们无以言表。观众会被深深地吸引，感到惶惑不安，陷入非常紧张的情绪和氛围中。

哈罗德致力于在戏剧中反映真实的交流场景，而且他非常擅长于此。我们可以借鉴他的风格，即利用沉默来渲染气氛，让倾听者在沉默中紧张而兴奋地等待接下来的话语。

我们最能感受停顿的场合，是在主持谈话时、向团队或公司通报最新信息时、讲故事或是演讲时。他人的反馈和我的自身经验都证明，停顿时间要比自己预计的稍长一些，如果想要强调一件至关重要的事，停顿十秒都不为过。其精髓在于：把沉默抛给倾听者，同时自己也要表现得松弛自在。

注意：在线上会议中使用停顿时，要添加一些小幅度的肢体动作，比如手或头微微动一动，以免让倾听者误会是屏幕卡住了。

口音

口音会使他人对我们形成诸多印象，如种族、阶级、性别、文化背景和受教育程度等。英国有三十多种方言，而世界上有 20% 的人口使用英语（包括以英语为第二语言者），因此我们听到标准英语口音的机会其实并不多，而这也正是英语的魅力所在。但是以英语为母语的人，即所谓"内圈英语国家"的人［此处为语言学家戴维·克里斯特尔（David Ctystal）对以英语为主要语言国家的界定❶］，他们很容易通

---

❶ 参见戴维·克里斯特尔的《英语作为国际语言》第二版（*English as a Global Language*，2003）。——作者注

过口音评判他人。语言学家维文·库克（Vivian Cook）[1]指出，第二语言者遭受着偏见，但这种偏见并没有被纳入无意识偏见培训[2]中，他们的语言能力与"理想的"母语使用者之间仍然存在差距，因而处于弱势地位。

但是，如果你有口音，那也应该庆幸，因为对方可以由此了解更真实的你，记住你的特点、经历和背景等。只要口音不会重到对方听不懂即可。

如果讲话时言简意赅、结构清晰，那么即使有一些口音，也无伤大雅，我们仍然可以为倾听者创造适合倾听的条件。

如何了解自己的口音呢？最好的方法便是询问倾听者，但要保证他们可以如实相告；也可以在说话时给自己录音，开展"自我倾听"，这样既能理解他人对我们口音的反馈，同时也可以通过反复倾听改善口音。网上有许多资源，可以帮助人们通过训练改善口音，实现无障碍交流。

---

[1] 参见维文·库克的《第二语言中的单语偏见》（*Monolingual Bias in Second Language*），发表于《加纳利群岛英语研究》（*Revista Canaria de Estudios Ingleses*）杂志，发表时间为 1997 年；亦见莫妮卡·斯密德（Monika Schmid）的《口音偏见使人们找到合适工作时受阻》（*Accent Prejudice is Costing People the Jobs They Deserve*），文章发表于 Quartz at work 网站上。——作者注

[2] 无意识偏见培训（Unconscious Bias Training, UBT），旨在提升员工对偏见的认识，消除无意识的或隐形的偏见，营造多元化和包容性的职场环境。——译者注

副语言

副语言是一个较为笼统的说法，指的是声音中非文字的所有元素，包括声调、音色、音幅和一些说话习惯等[1]。要善于利用副语言，避免让它们削弱信息的强度和简洁性。

填充音

填充音，如"嗯""啊"等，这些词为我们在讲话时提供了自然的思索空间，只要不过度滥用，便有助于谈话的进行。语言学家将填充音称为"话语标记语"（discourse markers），它可以缓和信息强度，让倾听者感到亲切，同时提供停顿，为倾听者留出时间思考。

在表达技巧类课程中，填充音经常被视为一项重点练习。虽然填充音对沟通有所帮助，但也要警惕——当我们的思维和语速加快时，压力之下它们会频繁出现。但我不主张完全消除填充音，否则讲话会像机器人一样，或像是在读稿。例如在打电话时，对方还会通过填充音来判断我们是否在认真倾听与思考。

询问他人倾听我们讲话时的感受，以了解自己是否过度

---

[1] 副语言（paralanguage），语言学中的概念，也被称为辅助语言，包括发声系统的各个要素，比如音质、音幅、音色和音调等，比如嗓音沙哑、说话结巴、某个字拉长音、说话时气喘等都属于此范畴。——译者注

使用填充音或反复说出某一个词，影响了对方的倾听体验。此时要提出具体的问题，以便让对方反馈更多的细节。

节奏

我们要关注说话时的节奏和语速，尤其是在线上沟通或打电话时。就节奏而言，没有统一的标准。想要维持倾听者的注意力，便要因时制宜地调节语速。我理解，对于一项从记事开始就依靠本能来做的事，突然要重新关注和思考这件事，会使我们感到手足无措，但我们越注意它，便越能自然地在谈话中及时调整，使对方获得更轻松的倾听体验。

提示：如果我们想要弄清自己平时说话的速度，可以使用转录应用程序，把我们在交谈中的声音录制下来，然后截取一部分复制粘贴到 Word 文档上，之后就可以知道自己说了多少个字。这会成为我们调整节奏的起点。

词语选择

1929 年，德裔美国心理学家沃尔夫冈·科勒（Wolfgang Kohler）发现了两个无意义的词与两幅抽象图画之间的关系。这两个词分别是"Maluma"（玛卢玛）和"Takete"（塔科特）。两幅画中一幅棱角分明，而另一幅画则是有弧度的。大多数参与实验的人都把有棱角的画与"Takete"相连，认为有弧度的画应该叫"Maluma"。随后，学者们在世界范围内也多次进行了类似的实验，大多数结论都证实了它们的确存在着相关性。那么，该实验对于倾听有何价值呢？为了使讲话达到更好的效果，我们要从声音使用的角度上探索吸引倾听者的方法，有意识地在词语选择上下一番功夫。

在英语中，辅音使语气更加坚定（最鲜明的例子便是脏话，这类词汇通常比较短，常以辅音开头、辅音结尾，中间是一个短元音），而元音承载着情感。

试想，我们正在与同事沟通，想要使他们了解一个显著的变化，比如客户投诉量的增加，那么此时应该用下面哪个词汇来表述呢？

- 上升

- 蹿升

大声将这两个词读出来，体会它们在强度上的区别。可能我们都不曾意识到，词语的选择竟会对倾听效果产生如此巨大的影响。

一些社会名流或公众人物，都会由专业人士帮他们撰写演讲的主要内容，他们只需要反复演练，直至能够表达得游刃有余即可。而撰稿者不仅要关注演讲的内容，还要关注使用哪些词语可以直入人心，使倾听者保持专注，并且印象深刻。由此可见，通过关注词语的选择，我们便能够显著地提升倾听的效果。

·))) 倾听者专栏：声音教练

安德莉亚·安斯沃斯（Andrea Ainsworth）自1995年以来一直在都柏林艾比剧院担任声音导演，她是爱尔兰顶尖的声音教练。

在我们的交流中谈到了"软技能"这一概念，这是沟通能力开发领域的术语。我们一致认为这个说法缺乏严谨性，它也很难称得上是一种方法。如果想要鼓励他人提高沟通技能，这个术语则不够恰当，甚至在某种程度上还会适得其反。

作为该领域的专家，安德莉亚总是被问及有什么"窍门或技巧"，能够帮助人们快速提高沟通能力。而她的观点是，提高沟通能力的过程，就如同运动员通过训练来获得好名次一样，需要全心投入、长期学习与坚持，也需要以开放的态度接纳他人的意见，经常进行自我反思，用长远的眼光看待自身能力的发展。除此之外便再无捷径。

安德莉亚把倾听描述为专注的程度——将意识高度集中于我们内心和身边发生的事情，同时感受到与他人的联系。这是一种相互作用，可以使我们在当下做出回复。她指出，如果我们开展工作的环境中没有人倾听，那么人们也势必无法改善讲话方式。

为了帮助他人倾听，安德莉亚注重沉默的使用——停顿，哪怕仅停顿一拍，也使倾听者有时间处理他们听到的信息。这是因为人们在工作场合说话时，通常是想到哪里便说到哪里，因此非常担心被打断，从而扰乱了自己的思路。这种焦虑加剧了表达的困难，也使我们很难改善自己的讲话方式。此时，如果不关注声音的使用，如"停顿"，我们便会错失使他人倾听我们讲话的机会。

安德莉亚为倾听提供了以下建议：

- 认真倾听对方的话，不要代入自己的理解；
- 要有耐心——焦急只会自寻烦恼，耐心倾听对方即可；
- 使自己处于适当的沟通环境。无论是线上或是面对面沟通，所处环境都会影响自己与对方的专注程度。

声音
动态

在二十多年致力于沟通技能培训的经验中，我几乎没有听到谁说过喜欢自己的声音。如果把一个人讲话的声音录下来，回放给他们听，他们往往会沮丧地感叹："哎！一点都不好听！听起来鼻音挺重的、无精打采的、像我爸爸或妈妈的声音、口音很重。"等。

这其实是由于不同的声音识别机制导致的。我们听到的自己的声音会感觉更加低沉浑厚。人们通过骨骼和肌肉的传导听到自己的声音，此时我们中耳的鼓膜会振动，然后中耳将由声波引起的鼓膜振动通过听小骨传输至内耳，中耳就像是一台滤波器，过滤着声音，如果没有这个过滤过程，我们听到的声音就会非常大。

其他人听我们的声音则是通过空气传播，所以与我们自己听起来并不相同。但我们听到的录制的我们的声音与他人听到的是一致的。因此，我们才会对录音中我们的声音感到难以置信，无法接受自己的真实声音。当然，经常听自己的录音，熟悉自己的声音，便会减少这种焦虑，也会有意识地进行调整，给倾听者带来更好的感受。

声音就像是肌肉。我们都知道，肌肉可以通过锻炼变得强壮、灵活和敏捷。声音亦是如此，我们很轻松地便能锻炼声音，使它为我们的表达服务。

VAPER 模式

在我们讲话时，倾听者对我们的需求有两点：

（1）意图——要明确我们的意图，以及对倾听者产生的作用；

（2）声音——要善于用声音为我们的意图来服务，影响或激励倾听者。

我们应具备实现这两点所需要的全部条件。我们可以从以下五个方面入手，提高声音的质量，并在讲话时灵活运用，来帮助倾听者更好地倾听我们的讲话。

（1）V：音量（Volume）。

（2）A：吐字（Articulation）。

（3）P：声调（Pitch）。

（4）E：重音（Emphasis）。

（5）R：语速（Rate）。

音量

说话的音量会影响倾听者对我们的信任。假如我们的声音太小，对方听不到我们说话，那他们又怎么可能专注倾听呢？

线上

- 在音量方面，线上沟通的优势是我们几乎处于相同的音量水平。如果有些人声音太大，我们就可以把音量调小。如果我们讲话的声音比较小，就可以戴上麦克风，对方便可以清晰地听到我们的声音了。
- 线上讲话的缺点主要体现在音质上。网络不好或者太多人同时说话会令人难以听清。所以要询问倾听者能否听清我们讲话，如果多次听不清，他们便不会再倾听了。

面对面

- 在会议或演讲时，使自己处于比较明显的位置。
- 讲话时不要低头看笔记。因为低头时我们的声音是对着地板或桌子发出的，会导致他人难以听清。要与倾听者保持眼神交流，这样便能使声音与眼神相得益彰，让声音更有力量。
- 思维不要太超前，否则说话声音就会变小。

- 身体坐直。要均匀、平稳地呼吸，这样声音会更有力量。

- 如果需要打断讲话者，要先喊出对方的名字，让对方注意到我们。如果对方正在滔滔不绝地讲，则可能需要多喊几次。

一些人可能患有听力问题，因此，一些倾听者可能很难听清我们的声音。我们可以向同事询问，从而了解自己讲话是否清晰，音量是否合适，在有需要时及时进行调整。

吐字

吐字是指口腔肌肉的准确度和力度。如果想要在听众中建立权威，我们便要在发音时加强力量。绕口令是很有效的练习方式，还可以用舌头、嘴唇和脸部做出一些形状，虽然这项练习有点"傻乎乎的"，但它不仅可以锻炼口腔肌肉，还可以使语言表达更为清晰、自信和坚定。

练习贴士：使用 Word 文档或幻灯片演示文稿，在上面展示大量与公司有关的文字信息。在一分钟左右的时间内，大声、快速地朗读上面的内容，同时要做到准确。如果读错了，便从头再来，尽可能将每个词语都读准。但如果你更加偏爱绕口令，网上的资源非常丰富，可以找到各种绕口令。

声调

音色、音调、语气以及抑扬顿挫都属于此范畴。婴儿和孩子的声调最有表现力，而随着年龄的增长，人们的音域也会越来越窄，他人便可以通过声音判断出我们的年龄，这是由支撑喉部肌肉的灵活度下降所导致的（一直坚持练习则可以避免这种情况）。

练习贴士：从 1 数到 10，交替每个数字的声调，从最高到最低，比如 1—最高音调，2—最低音调，3—最高音调，4—最低音调……

重音

重音能够使倾听者更好地了解我们的意图。重音具备改变句子意思的能力——把重音放在句子中不同的词语上，句子的意思便会发生很大变化。

在打电话时，或类似只能通过声音交流的语境中，由于对方看不到我们，所以重音便成了传递情绪的唯一手段，对方由此得知：哪里是紧急的，哪里是关键的……

练习贴士：试着说出下面的句子，把重音放在带有重点符号的词语上，体会重音会给句子的意思带来什么变化：

原句：我没有搬走它们。

我没有搬走它们。（别人搬走的）

我没有搬走它们。(我把它们留在了原地)

我没有搬走它们。(我只是把它们盖了起来)

我没有搬走它们。(我搬走了其他东西)

从上面的例子我们可以看出，把重音放在不同的词语上，句子就会产生截然不同的意思。书面交流经常会出现类似的问题，由于缺乏重音提示，所以阅读者只能推测对方的意图，有时便会造成困惑和不快。因此，我们在口头交流时要杜绝这样的问题。

语速

正如我们此前讨论过，语速是节奏的基础，停顿和节奏是声音使用的关键环节。因此，这是最基本的要求，我们说话时要善于调整语速，从而维持倾听者的注意力。

创造良好的
沟通环境

沟通环境对倾听质量至关重要。我们要为倾听者创造良好的沟通环境，使他们获得更好的倾听体验。

试想，你正驾车驶过一片风光旖旎的山区，眼前有冰川湖泊、一望无际的蓝天和明媚的阳光。外面只有三摄氏度，清冽的空气使窗外的景致更加明亮。然而，此时汽车的暖风系统却突然失灵了，你还要继续开两个小时，但你已经非常冷了。这时，你还能有心思去欣赏眼前的美景吗？可能满脑子都是寒风彻骨吧！即便你已经将身体蜷缩在方向盘上，但还是感受不到丝毫的暖意。此时，你充其量仅能分一些注意力在景色上，内心对温暖的渴求会远远超过欣赏美景的愿望。由此可知，环境可以影响我们的专注度，分散我们的注意力。

创造适合倾听的环境，对讲话者和倾听者而言是一种双赢，使双方都能以最佳状态投入沟通中来。

面对面：演讲

首先要认真观察演讲的空间，重新评估光线、座位和房间的布局。思考如何调整可以改善环境，使它更舒适，同时减少干扰。

然后再考虑我们演讲时的情况，是站着或是坐着？在哪个位置演讲可以让每个人都看到我们？

演员们都知道，舞台中央是最好的位置，他们不需要转头，就可以用余光看到周围的每个人。

我们经常由于选择的位置不好，导致他人很难看到我们。此时，他们通常不会认真倾听，思维也会游离到其他地方去了。

面对面：谈话

如果我们清楚谈话的内容、类型和目的，便可以确定哪种沟通环境最为合适。但是无论如何，一定要让对方了解，此时需要专注地倾听——关掉电脑，收起手机，舒适地坐好，桌子上不要摆放任何干扰注意力的物品，让对方感受到我们对谈话的专注。

关注座位问题。假如两个人相对而坐，中间隔着一张办公桌，便可能会阻碍倾听。此时要确认是否因此影响了谈话的气氛，尝试换一种座位方式，以便谈话更好地展开。

线上：线上沟通的十条"铁律"

创造线上沟通的环境需要我们更加敏锐。我们要认真做好沟通前的准备工作，尽可能地为倾听者减少干扰。我近期经常看到，人们在线上沟通时过于随意和敷衍，很少考虑到自己造成的影响。

因此，我们需要根据以下十条"铁律"来检查自己的行为。

1.购买线上沟通的设备，如摄像头和麦克风，使倾听者获得更好的视听体验。这些设备虽然便宜，但能为线上沟通创造极佳的环境。

2.调整光线——不要让光线从身后或是一旁照来。我们要面对窗户或环形补光灯，使倾听者能够看清我们的脸。

3.使用网线连接电脑。如今，许多线上演讲或谈话都仅依靠无线网，因此经常由于网络问题而影响沟通效果。可能我们正说到重点时，网络突然卡顿，导致信息遗漏，倾听者便不得不打断我们，请求我们再说一次。一两次尚可，假如次数多了，倾听者便会失去耐心，不再倾听了。

4.经常站起身讲话（尤其在演讲时）。站立时人们通常会更有激情。假如我们在面对面演讲时不习惯站立，那么线上便是锻炼站立演讲的机会，等需要面对面演讲时，站起来讲话便自然多了。

5. 检查我们与摄像头之间的距离，应与新闻播音员面对镜头时相近。让摄像头从腰部或胸部以上的位置取景，不要让屏幕上只显示脸部。研究表明，近距离脸部图像会使人感到有压迫感，增加潜意识里的紧张和压力。

6. 眼睛与摄像头镜头旁的绿光或蓝光持平。眼睛平视更有助于提高沟通效果；俯视镜头会使对方产生压迫感，仿佛我们盛气凌人一般。

7. 购买第二台显示器，确保能够看到会议中的每个人。

8. 让屏幕上显示自己的图像，从而帮助我们了解自己的沟通状态，监控自己交谈时的表情和神态，了解在对方眼中我们的情绪和态度。在线上演讲或谈话中，这是最有效的自我反馈方式。

9. 在谈话开始前说明谈话的场景——告知对方我们在哪里，以及他们将看到的一些画面。比如，我们习惯看向窗外、地板，或者信手涂鸦，因此时不时会把视线从他们身上移开。要把这些习惯提前告诉他们，否则对方会觉得我们不够专注或态度冷漠。还要提前告知对方可能发生的一些干扰。此外，我们还需要关注图像背景，不要太花里胡哨，以免分散对方的注意力；也不要使用虚拟背景，要在真实的背景中展示自己。同时要考虑对方可以从我们的背景中获得哪些信息。

10. 关掉信息通知。如果谈话时人们一直听到新邮件或新消息的提示声，就会导致分心，同时也说明双方都没有专注地投入沟通之中。

观察倾听者的反应

沟通中出现分心是因为注意力受到了干扰。如果我们创造了良好的沟通环境，将造成干扰的潜在因素降到最低，便能观察到倾听者细微的声音变化和肢体语言，从而了解他们的倾听状况。

我们通常在以下两种环境中进行沟通。

1. "高语境"。与倾听者面对面沟通时，我们可以依赖丰富的感官信息得知每个人的状态。面部表情是最直观的反应，但却并不是唯一的。睁大眼睛吧！看看此时房间里正在上演的"戏码"。

- **手**。是攥紧拳头还是紧握东西？是动来动去还是刻意闪躲？手是我们观察对方的起点，如果倾听者的手总是摸另一只手，或者是摸自己的脖子，那他就是在用手"安抚"自己的情绪。女性的习惯动作则是摆弄头发。

- **脚**。有些人的腿部看起来很稳当，但他的脚却并非如此。观察脚有没有敲地、蹭地、动来动去，或是用脚侧着地。如果两只脚没有并在一起，或是一只踩着另一只，这是不安的表现。如果双脚着地，自然张开一段距离，便是放松的信号。

- **姿势**。对方的姿势能显示出对方参加此次会议时的情绪和态度。他们是正襟危坐，还是身体僵硬？或是耷拉着身子坐着？我们可以从同事的姿势上看出很多信息。

2. **"低语境"**。线上沟通时，我们拥有的直观信息相对较少（这便是要保证看到对方的原因），因此面部表情、声音和话语就显得格外重要。

- **面部表情**。噘嘴或抿嘴常常是紧张或有异议的信号。我们还要关注微笑，真诚的微笑，或"杜彻尼微笑"[1]，会有眼睛的参与。如果只是嘴唇扯出的笑容，便仅仅是出于礼貌，更像是例行公事，而并非发自内心。感到扭捏或尴尬的人经常会用舔嘴唇来缓解口干，口干是有压力的表现，提醒我们要注意沟通的氛围。

---

[1] 杜彻尼微笑来自行为心理学家保罗·艾克曼（Paul Ekman）对"伪装笑容"的研究，研究结果显示，杜彻尼微笑体现出一种发自内心的快乐。——译者注

- **眼神接触**。在线上我们无法直接与倾听者进行眼神接触：如果我们看着摄像头，就看不到屏幕上对方的图像。如果两个人都看着对方的图像，那便又无法进行眼神接触了。尝试在这种间接对视的情况下，我们可以从对方的图像中看出哪些信息。

说出观察到的东西

在沟通中，说出我们在对方身上观察到的情况，有利于双方开展深入交流，并使谈话快速步入正轨。交谈双方都得益于真诚的态度，但这既需要我们的勇气，也需要一定之规。

准确说出我们的观察。比如，"我注意到你的嘴一直撅着，这是为什么呢？"

切忌过度解读。比如，"你的表情这么凝重，明显是有什么不满吧？"

可以使用"我注意到……"这个句式，以显示我们对对方的关注，从而提高对方的专注度，迅速展开更开诚布公的交流。

人们的专注取决于他人的思想与情感。

——鲁道夫·拉班（Rudolf Laban）

·ıı)) 倾听者专栏：编舞者／导演

邓妮·赛耶斯（Denni Sayers）是当代杰出的歌剧编舞家，在全世界享有盛誉。她善于从观众和演员的视角看待舞台，提出了场景对称性和非对称性的意义，提炼出了在舞台上某一时刻实现倾泻能量的方法。

她指出，舞台演出的重点是"注意力的平衡"——要把观众的视线带到我们想让他们关注的地方。

在排练中，邓妮通常会遇到 65 名到 85 名合唱团成员，而在此之前，他们素未谋面。她需要在排练的过程中维持他们的注意力，鼓励他们相互配合，指导他们学习新的技巧，要求他们兼顾音乐和舞蹈。

她认为，成功的关键在于准备。

第一，无论有多少成员，她都会先根据照片记住每个人的名字。这样成员们便会了解到她做了充分的准备，而且能够体会到她重视每一个人的努力，而不仅仅是把他们作为一个群体看待。她说，如果你把他们看成群体，那么每个人都会随波逐流。若她能喊出每个人的名字，成员们便会感觉到自己的价值，并愿意付出更多的努力。

第二，她会提前学习一些合唱方面的专业术语。邓妮告诉我："我期望他们除了会唱歌还会跳舞，那么他们也期望我除了懂舞蹈还能懂音乐。"

第三，她向我分享了她的座右铭——"我们只有一次留下第一印象的机会"，这也是她进行准备的关键。她认为前十五分钟的会面是成功的关键。团体工作的经验使她意识到，集体对他人印象的形成是很快的，一旦错失良机，便很难挽回。邓妮还建议要以最高的期待去鼓励他人，这样对方才能将才干和潜力发挥到极致。

第四，一定要非常了解准备的内容，如果发现原本的计划行不通，便可以自然地临场发挥。她毫不惧怕出错，以英文单词"FAIL"来激励自己，在她看来，"FAIL"不代表失败，而是"学习中第一次尝试"的缩写（First Attempt in Learning）。

为了帮助他人更好地倾听我们，她提出的建议是：

- 找到房间的焦点——选择每位倾听者都可以看到和听到的位置。
- 幽默感——幽默可以使气氛轻松，从而提高讲话的效率。

第七章
转变之成——沟通者要善待自己

不论是以听、说、读、写哪种形式，沟通都占据了我们工作中的大部分时间。本书主张通过思考、练习、回顾和尝试，对沟通进行深度挖掘，但这个过程并不轻松。试想，如果我们忽然要换一种方式走路呢？对根深蒂固的习惯进行步骤拆解，再分步训练，达到技能和整体风格的改善，并激励他人加以效仿，其难度之大可想而知！

在最后一章里，我分享了一些心得，帮助大家在实现倾听转变后，更好地对待自己的能力。同时，用一个实例与读者们共勉——使倾听转变展现出真正的价值。

- 善待善于倾听的自己
- 用"心"理解

善待善于倾听的
自己

　　此时，英国正因新冠疫情实施第二次封锁，而我正在葡萄牙进行为期两周的隔离，之后将回到英国。我很焦虑，担心家人和朋友们。我很少如此长时间地惴惴不安——"未完成情节"和不确定感让我心神不宁。

　　你是一个善于倾听的人，听到我这么说你一定很高兴，因为你已读到了书的末尾。作为一个善于倾听的人便意味着经常会有人向你求助。我善于倾听，因此也善于提问。在倾听时，我会先提一个问题，然后就此深入挖掘。我不会担心自己将听到什么，也不会担心倾听困难谈话时会产生的负面情绪。此时此刻，在这个浮躁的"社交操纵"时代，我一定是一位"有用"的朋友。

　　今天早晨我非常疲惫。新闻的内容令我感到沮丧，周末和女儿一直为搬家忙碌不堪，晚上也有没睡好。我试图通过散步使自己平静下来，但是途中电话又不巧响了起来，使我再度开始了长时间的倾听。散步之后我甚至比出门前更疲惫不堪了。你可能与我有过相似的经历，能够体会我此时的感受，但我们仍要注意，避免让沮丧的情绪蔓延到下一次谈话里。

同时，这也使我意识到，作为倾听者，一定要学会善待自己，因为我们必须先把自己照顾好，才能更好地去帮助他人。

希望下面这份清单可以减少倾听者的倦怠现象，清单中的方法尚有待补充。

- 适可而止地工作。工作时我们很可能一整天都在倾听，因此要采用"轮休"模式，让自己在下班时得到充分休息。

- 如果我们真的"状态不佳"，在条件允许的情况下要坦诚地说出来，并请求改天重新进行谈话。毕竟，每个人都会有状态不佳的时候。

- 找到一位善于倾听的伙伴，并与他互相倾听。双方要本着双赢的原则，专注地倾听对方，不需要提供任何建议。

- 要意识到自己并不是每次都能做到尽善尽美，对自己宽容一些，状态起伏是再正常不过的事情。

- 控制好自己的精力。咖啡、糖和薯片都是"糖衣炮弹"，它们无法使我们保持长时间的倾听状态。

- 拥有属于自己的一片"净土"。我们花了太多时间和力气去倾听他人，但也不要忘了关注自己的内心。

- 经常深呼吸。大口吸入新鲜空气，为身体注入活力；大口呼气，释放出紧张和压力。

- 不要忘记身边最亲近的人。有些人在工作中筋疲力尽，回家之后大脑便立刻"关机"。如果我们善于利用自己的倾听能力，它便会随时随地为生活提供支持。

致谢

2020 年夏天，我有幸与实践灵感出版社 [1]（Practical Inspiration Publishing）的编辑艾莉森·琼斯（Alison Jones）结识。她在写作方面的创造力，对作家的热忱鼓舞和敬业精神，使我印象深刻并深受感动，我将始终感激她为我提供出版此书的机会。

我一直认为，写作必定是一项孤独的活动，但在完成本书的过程中，我得到了许多人的支持，他们对此书倾注了大量的心血，提供了宝贵的建议，让此书成了集体智慧的结晶。

我要对我的如下同事深表感激，他们向我提供了莫大的支持：约瑟芬·布什（Josephine Bush）、希娜·卡特莱特（Sheena Cartwright）、艾伦·罗伯逊（Alan Robertson）、露易丝·麦克唐纳（Louise McDonald）、塔姆辛·瓦因（Tamsin Vine）、格兰特·莫菲（Grant Morffew）和安德烈亚·塔利（Andrea Tully）。尤其要感谢蒂莉·威肯斯（Tilly Wickens），

---

❶　出版社中文名由译者自译。——编者注

她阅读了我的初稿，并为我提供了很多帮助。

我由衷地感谢本书专栏中访谈的各领域专家，他们结合自身的职业经历，慷慨地分享了他们对倾听的真知灼见，成了本书的一大亮点，他们是：瑞秋·梅森（Dr Rachel Mason）、本·耶格尔（Ben Yeger）、达米恩·旺福（Damion Wonfor）、玛吉·卡梅隆（Maggie Cameron）、乔安妮·凯思利（Joanne Kearsley）、戴夫·伯恩（Dave Bourn）、艾玛·埃尔吉（Emma Elgee）、乔治·利（George Leigh）、安德莉亚·安斯沃斯（Andrea Ainsworth）、邓妮·赛耶斯（Denni Sayers）。

感谢查理·昂温（Charlie Unwin），允许我分享他"四分之三杯茶"的故事。

我还要感谢我的朋友们，他们一直以包容和友善的态度支持着我，在我经历自我怀疑时耐心地倾听我的喋喋不休和鼓励我，在我写作本书的过程中使我保持积极的情绪。特别感谢我的"旅伴"朱尔斯·格雷（Jules Gray），以及约瑟芬·布什（Josephine Bush）、达米恩·布什（Damien Bush）和萨拉·斯图特（Sarah Sturt），他们是我的挚友，并一直在生活中陪伴着我。

感谢贝拉·威肯斯（Bella Wickens）耐心地为我拍照，并在方方面面给我提供支持。

最后，我要将我无时无刻、无以言表的爱与感激，献给我的丈夫拉塞尔（Russell）。